인식의 골목을
비틀거려서

인식의 골목을
비틀거려서

ⓒ 전 난, 2025

초판 1쇄 발행 2025년 11월 11일

지은이	전 난
펴낸이	이기봉
편집	좋은땅 편집팀
펴낸곳	도서출판 좋은땅
주소	서울특별시 마포구 양화로12길 26 지월드빌딩 (서교동 395-7)
전화	02)374-8616~7
팩스	02)374-8614
이메일	gworldbook@naver.com
홈페이지	www.g-world.co.kr

ISBN 979-11-388-4861-9 (03810)

- 가격은 뒤표지에 있습니다.
- 이 책은 저작권법에 의하여 보호를 받는 저작물이므로 무단 전재와 복제를 금합니다.
- 파본은 구입하신 서점에서 교환해 드립니다.

창의성Creativity은 이미지Imagery로
점화Spark한다

인식의 골목을 비틀거려서

글·번역 **전 난**

Staggering Along the Alley of Cognition, . . . CREATIVITY!!

좋은땅

목차

내가 따라간 빛의 이미지, 그리고... 깨달음   008

서론   016

1. 빛과 인식   020

2. 빛과 중년기   026

3. 인식의 골목을 비틀거려서   032

4. 또 다른 번지수를 가진 "감성적 인식"의

　　골목에서   040

5. 새로운 "이성적 인식"의 골목으로   084

6. 창의성, 이미지로 점화하다   108

7. 글을 마무리하면서...   157

Contents

Images by light and shade I followed ... to realization   *009*

Prologue   *017*

1. Light and Cognition   *021*

2. Light and Mid-life   *027*

3. Staggering along the Alley of Cognition   *033*

4. Into the "Alley of Emotional Cognition" with another street number   *041*

5. Then, into a New "Alley of Rational Cognition"   *085*

6. Creativity, it strikes in imagery   *109*

7. The Finale ...   *157*

내가 따라간 빛의 이미지,
그리고 . . . 깨달음

Images by light & shade I followed . . . to realization

To-grow-in-mind images

you might bump into sometime in life. . . .

내가 따라간 빛의 이미지, 그리고 . . . 깨달음

긴 어둠의 '감성적 인식'에 빠져 있었다.
. . .
그러다
어느 날 "빛과 함께한 그늘"이 엮어내는 이미지를 만나게 되어,
. . .
"빛"이 내 머릿속에 그려주는 '이미지'의 조각들이,
'그림자가 길어지고 어둠이 내리어가는 오후의 변화'와 함께,
이미 내 머리에 저장된 이미지 조각들이,
끊임없이 엮어 가는 아름다움에 도취되어
빛과 그림자를 쫓았다.
. . .
그리고는
그날 세 번째 왔다가, 1시간 20분이 지나 돌아온 정미소 경운기 앞에 섰다.
경운기 옆 벽에는 날카로운 잎도, 흐릿한 단풍나무도 없다.

Images by light and shade I followed . . . to realization

Emotional cognition had shut me up for long periods of time

. . . .

In the meantime,

one day I met images woven by "shade with light."

. . .

Images embroidered in my vision by light

—as afternoon shadow got longer and dusk nearer—

and ones already stored in my head

intoxicated me to follow after their origin

light and shadow.

. . .

Then

I've been back to the mill tractor 1 hour 20 minutes after my third visit,

but found no sharp maple leaves or blurry tree on the wall.

이미 어두워진 부분과 어두워지고 있는 부분 사이의 경계도 점점 허물어지고 있다.
. . .
어릴 때 뛰어놀던 집 앞 "정순이네" 딸기밭 수풀이 떠올랐다.
벽 위 그림자 속을 더듬어본다. 잡히는 게 아무것도 없다. . . .
그저 진하고 그보다 아직 연한 명암의 조각들이 내 손등에 내려앉을 뿐이다.
. . .
그 앞에서 생각에 빠져있는 동안,
계속 담장과 잎, 줄기들의 명암 차이가
'정상분포 곡선'의 "0"에 다가가고 있다.

실존의 하루가 저물면서,
존재로서의 하루 삶이 끝나는 죽음이 시작되고. . .
또한, . . .

Their already darkened shreds are getting mixed more and more with the darkening ones.

. . .

I've remembered Jeongsoon's strawberry farm—our playground.

I grope the shadow on the wall but feel nothing. . . .

Darker or still brighter scraps of light and shade subsiding on my backhand.

. . .

While in deep thought there,

I see the gap between their light and shade

approaching the 'normal-distribution curve' zero point.

. . .

Another existential day setting,

death the end of a day for life has started, . . .

and also, . . .

존재의 살아있음의 시작인 탄생이 비롯되는 어둠 앞에서
비로소 나는 깨닫는다.
. . .
내 의식에 큰 등불을 밝혀,
지난날의 흔적들을 다시 사유思惟해야 할 것이라고. . .

I've realized facing dusk from which birth—the beginning of a being living—arises.

. . .

Getting my conscious illuminated well,
I'll have to speculate about traces from my bygone days . . . .

서론

Prologue

We cognize worlds embroidered by light!

서론

"빛은 존재의 드러남이며 어둠과 그림자는 존재의 감춤이다.
빛이 존재의 삶이고 존재의 드러남이라면,
존재의 감춤도 어둠으로부터 나오고 존재의 살아있음도 그곳으로부터 나온다."

2009년 '울산국제사진페스티벌' 총감독 '진동선' 선생님께서 쓰신 글 일부이다.

존재의 살아있음도 감춤도 어둠으로부터 나오는 것이라면,
존재의 감춤이 끝나는 죽음도 어둠으로부터요,
존재의 살아있음이 시작되는 탄생도 어둠으로부터이다.

그래서 우리 실존의 하루가 밝아오는 것은
존재로서의 하루 삶이 시작되는 탄생이요,
실존의 하루가 저무는 것은...
존재로서의 하루 삶이 끝나는 죽음이기도 하다.

'실존주의적' 관점에서

Prologue

"Light reveals existence, and darkness & shadow conceal.
Light lets it keep alive and exposed.
If so, its disappearing comes from darkness, and so does its living."

That's part of what was written by Mr. Dongsun Jin "Ulsan International Photography Festival 2009" general director.

If both of them are from darkness as his statement says,
death the finale of existential disappearance . . .
and birth the departure of existential life are, too.

Thus, "One day breaking for our existence",
it can be birth, one day's existential life starting.
And "One day closing for existence" , . . .
it can be death, one day's existence coming to the end. . . .

From an 'existentialistic' viewpoint

1.
빛과 인식

Light and Cognition

How's the world of your emotional & rational cognition?

1. 빛과 인식

"빛의 하루는 한 존재의 삶의 하루이고 생의 하루이다." 진동선 선생님은 빛과 어둠을 언제나 동등한 관계로 보았다.
즉 한 존재인 생명체가 그의 탄생과 죽음을 어둠에서 시작하지만, 삶 또는 생의 시간 동안
빛의 하루하루를 살아가고 있음이다.
그래서 "빛의 하루"는 한 존재로서의 '생명체'에게 삶의 하루요 생의 하루이다.

삶과 생의 하루하루,
"빛"은 외부세계의 모든 현상과 물체들을 다양한 감각에 의한 지각을 거쳐 생명체의 머리에 비춤으로써 이들을 저장하고 기억하게 함을 되풀이한다.
그리고 저장되고 기억된 외부세계의 모든 현상과 물체들은
존재의 머리 안에서 각각 낱개의 직접적 개별적 구체적인 감성적 인식 (외면적 인상을 형성)의 대상이나 내용을 이루게 되며,

1. Light and Cognition

Light and darkness are equal all the time, Director Jin thought, and said "A day of light makes a being live a one-day life."
That is, a being's birth and death are from darkness, but while breathing or in life
they live a life whose everyday's made by light.
Thus, "A day of light" means one day's living, one day's life to a living being.

Day by day while a being's living a life
light keeps on mirroring all external phenomena and things in the brain through sensory perception that it may store and remember them.
Then every & each phenomenon or thing stored in the brain or remembered becomes objects or contents of direct, individual and concrete emotional cognition, and they develop

나아가 감성적 인식은
형성된 내용들의 비교, 구별 등을 통해 개념 판단 추리를 하는
이성적 인식(사물의 본질적인)으로 발전하게 된다. (여기서, 일반적인
"인식"은 이성적 인식을 말한다.)

이들 두 수준의 인식은
20C 중반, 인간의 심리와 학습 그리고 전자매체의 활용을 아우르는 꽤 넓은 분야의 기초이론으로 자리 잡은 "정보처리이론"의 정신 및 기억 과정Shallow & Deep information-processing level과도 일치한다.

into rational cognition

(essential to things) for conception, judgement and inference through comparing or distinguishing the emotional-cognition stuff. ("Cognition" here means rational cognition.)

The two levels of cognition

agree with the mental processes—superficial & deep processing of mind or memory—which were from the mid-20 century "Information-processing theory" for human psychology, learning, and electronic media.

2.
빛과 중년기

Light and Mid-life

To-grow-in-mind images

might drop by you in your mid-life, . . . though.

2. 빛과 중년기

빛과 어둠은 동등한 관계로서 별개의 것이 아니라, 함께한다.
어둠이 지배하는 밤조차 빛은 별빛이나 달빛으로 계속되며, 빛이 지배하는 낮에도 어둠은 그늘의 형태로 계속된다.

하지만 해가 지고 밤이 되면 '빛의 부족'으로
한 존재의 생명체가 갖는 외부 세계로의 관심과 지각활동은 줄어들지 않을 수 없다.
이러한 현상은 왕성한 학습의욕과 활동이 크게 줄어드는
중년기, 그리고 그 이후의 사람들에게도
비슷하게 나타난다.

따라서 오전보다 오후로 시간이 흘러가면서 "빛"이 옅어질수록,
외부세계로의 학습의욕과 활동이 줄어들수록,
한 존재로서의 사람은 자신의 머리에 저장된 기억을 중심으로 사고하려는 가능성이 커지지 않을 수 없다.

2. Light and Mid-life

Light and darkness are equal but coupled, not separate.
Even a jet-black night has light from stars or the moon, and a light-dominated day retains some darkness, a form of shade.

However, sundown brings night,
when a lack of light lowers an existential being's interest in and perception of the external world.
Such phenomena are also the same
with mid- or old-aged people with shrinking
learning desire and activity.

Accordingly, the "light" paler with the passage of time to afternoon gets learning desire & activity much lower,
which tends to make them mostly think based on their memories already stored in the brain.

일반적으로 아동을 포함해 중년에 이르지 않은 젊은 세대들은 왕성한 외부 세계로의 관심과 지각활동으로 인하여, 하루가 끝나가는 오후의 옅은 빛에서도 감성적 인식을 형성하는 활동의 가능성이 크게 줄어들지는 않는다.

그러나 실존의 하루하루마다 그날의 "빛"이 접히고 있지만, 중년을 이미 넘어선 세대들은 하루의 삶이 빛이 끝나가는 시간에 이를수록, 자신의 지난 과거를 생각하고 생각하려 하면서 걸어온 인생을 되짚어보게 되는 것이다.

Generally, young generations including children have an energetic interest in and perception of the external world, so their potential activities for emotional cognition keep kind of constant even in the afternoon light relatively weak.

However, such over-mid-life generations retrace their own life getting and trying to do that as their day or its light comes more and more to the end—though the light is folded each and every day of existence.

3.
인식의 골목을 비틀거려서

Staggering along the Alley of Cognition

To-grow-in-mind images—really integrating—

that I encountered in my elderly life. . . .

3. 인식의 골목을 비틀거려서

후미진 소도시 건천의 이면에 떨어진 빛을,
그 빛의 걸음을 따라가 보았다.

늦가을에서 겨울로 바뀌어가는 계절의 어느 날 오후,
고속철도 경주역사와 방사능 가속기건설로 주목되었던 '경주시 건천읍
20번 국도변' 곳곳에 드리워진 "빛과 함께하는 그림자"를 뒤쫓으며...

중년기를 넘어선 한 존재인 나에게 있어
"빛"이 내 머릿속에 그려주는 '이미지'의 조각들이,
'그림자가 길어지고 어둠이 내리어가는 오후의 변화'와 함께,
이미 내 머리에 저장되어있는 이미지 조각들이,
나의 의식consciousness 속에서 엮어갔던
"인식의 골목"을 따라
걸어가 볼까 한다.

3. Staggering along the Alley of Cognition

The light behind Geoncheon a once-secluded town,

its progressing attracted me.

. . .

On an afternoon getting nearer into winter,

light-coexisting shadows over Route20 through Geoncheon-eup

Kyeongju highlighted by the KTX station & particle accelerator . . .

pursuing them,

I'd like to walk . . .

along the "alley of cognition"

woven by images the light is drawing

and those that've been already stored in my head—together

with the afternoon's change of lengthening shadow,

gathering dusk and stuff like that—

with me an elderly existence.

비틀거리지만...

Staggering, . . . though.

4.
또 다른 번지수를 가진
"감성적 인식"의 골목에서

Into the "Alley of Emotional Cognition"
with another street number

Are to-grow-in-mind images—really integrating—more visual

4. 또 다른 번지수를 가진 "감성적 인식"의 골목에서

휴일여서, 새벽으로부터의 늦은 잠에서 깨어나났다.

마치 그 길고, 긴 "감성적 인식"에서 서서히 깨어나고 있는 것처럼...

서둘러 집을 나설 준비를 하고
잠깐 마루 끝에 서서 정신을 차리려 눈을 깜박였다.
지금까지 살아오면서 이만여 번 넘게 되풀이해서 맞이했을
아침과 그 햇살이건만,
약간 특별하다.

처마 밑에서 보니, 해의 반대쪽 나뭇가지에 매달린 잎들이 '동전의 뒤쪽'처럼 짙은 잿빛을 내고 있다.
처마 밑 천정에서 달아내려진 두 줄의 전깃줄도
11월의 메마른 잔가지에 비해 굵긴 하지만, 거무튀튀한 나무

4. Into the "Alley of Emotional Cognition" with another street number

Today a holiday, I woke from my late-dawn sleep.

Just like drifting out of the long, lengthy "Emotional cognition" . . .

Hurrying off,
I blinked my eyes at the porch—to recover sanity.
Welcomed, maybe, over twenty thousand times till now,
the morning light feels, to me,
somewhat impressive.

Seen from the porch, leaves dangling from twigs against the sun are shining like the 'back of a coin.'
Two electric cords hanging down from the ceiling—
though rather thick compared with November's dry twigs—

가지로 보인다.
처마 바깥쪽, 그림자에 가리지 않은 대기는 눈부시게 빛나고 있다.

빛의 찬란함과 그림자의 우울함이 묘하게 한 공간에서 어울리고...
'조용한 대립'이다.

거리로 나왔다.
빛과 그림자의 조용한 대립에 이끌려... *아침을 들었는지*, 기억이 없었다.

시계를 봤다. 오후 1시를 넘어서고 있다.
찻길 옆 키큰 가로수의 짙은 그림자가 새로 그은 노란색 중앙선에 닿아 있다.
가로수 옆에 서니 몸도, 마음도 나무와 하나가 되었다.

also look like dark branches.

Outside the porch, the unshadowed atmosphere is dazzling and shiny.

Brilliant light and gloomy shadow mysteriously in harmony in the same space . . .

It's a 'silent confrontation.'

I've walked out onto the road.

Drawn by their confrontational harmony . . . with no idea *whether I ate breakfast*.

Face down, the watch says 'past 1 p.m.'

The deep shadow of tall trees is touching the newly-drawn yellow centerline.

Standing by the trees, I've become one with them.

사막의 바오밥나무가 나타났다.
그리고 '*어린 왕자*'가 그립다.

길 건너편 저쪽엔 그림자가 어떨까?
조금씩 발걸음을 옮기다가 길을 건넜다.

가로수들은 폭이 좁은 보도가 모자라 길 옆 담벼락으로 꺾여 올라가고 있다.
가까운, 겉으론 말끔해 보이는 골목 안을 들여다보았다.
길가 높다란 전봇대는 골목 입구의 건물 그늘로부터 막 벗어나 비스듬히 드러누운 채 왼쪽 벽을 오르기 전,
벽 바로 아래 계절늦은 몇 송이 수국들을 삼키려하고 있다.
반대쪽 집들의 시커먼 그림자도
얼마 지나지 않아 골목 반을 덮어버릴 기세다.

'약육강식'의 복잡한 인간세상 같다.

Then a baobab tree appearing,
I miss Le Petit Prince.

Across the street, what shadows?!
I've moved inch by inch across it.

The shadow of trees is crawling up the roadside walls, past the narrow sidewalk.
A seemingly neat alley nearby that I looked into
holds a roadside-utility-pole shadow that lies—fresh out of the shade
of its entrance building—askew trying to gulp
late hydrangea flowers by the left-side wall and climbing it up.
The shadow of the opposite houses, too,
looks like it'll swoop down over half of the alley.

A human world ruled by the "Law of the jungle"!!

골목 안을 두리번거리다 길 쪽으로 나와, 이발소 앞으로 다가갔다.
이발소 돌림 간판은 그런대로 상태가 괜찮다.
가게 앞에는 차례를 기다렸을 손님을 위한 의자와 소파들이 오랫동안 그 자리에 그대로 놓여있었던 것처럼 보인다.
오후의 가로수 그림자가
자신의 몸을 길게 늘어뜨려 세월에 지친 의자와 소파들을 어루만지면서 열려있는 허술한 이발소 유리문 안쪽으로 발을 들여놓고 있다.

'*얼굴 없는 기부천사*'를 말해주고 있다.

길 위쪽으로는 정미소가 있었다.
정미소 간판이 붙은 벽에는, 낡아빠진 경운기 한 대가
수없이 논밭도로를 누비고 다녔지만, 그래도 제대로 주인이 기름칠해 줬을 경운기 한 대가 기대어 있다.

And then getting out of there, I've approached a roadside barber shop.

Its barber-pole sign looks kind of all right!

The chairs and sofa in front of the shop seem to have been waiting for guests for a long, long time.

However,

The afternoon shadow of shopfront trees has been lulling their time-weathered endurance

extending itself into the shabby open sliding glass door.

That implies *a nameless angel's donation.*

A rice mill up the road, not far from there.

Beside its signboard wall stands a clapped-out tractor,

which might have been frequently looked after by its owner that kept on working around together.

벽 위의 가로수 그림자가 발목을 잡는다.
칼날처럼 벽에 무수히 꽂혀있는 잎 그림자들이!!

원인을 곰곰이 따져보았다.
경운기가 쇳덩어리여서, 여기 가로수 잎이 그렇게 생겨서...
그러다 위쪽을 올려다봤다.
그래, 맞아!
정미소 입구에 빗줄기를 피할 수 있도록 만들어진, 길 쪽으로 조금 튀어나온 처마에
떨어진 햇살이
가로수 잎을 그렇게 보이게 한 것이다.
정미소 창고 앞에 섰다, 길 아래쪽으로 몇 발자국 더 옮겨...
나무문 위에 부드러운 가지, 잎들의 그림자가 비치고 있다.
비교적 잘 다듬어진 나무문에 비친 햇살의 윤기에 둥근 잎들이 주르르 미끄러져 떨어져 내릴 것 같다.

The shadow of a tree on the wall is so impressive.

A leafy shadow—like many blades stabbing the wall.

Why?! . . . I delved deep.

Because of the cast iron tractor, of the shape of its leaves . . .

While doing so, I looked up.

Right, that's it!

The light touching the eave that protrudes a bit to the road—

against raindrops at the entrance—,

the afternoon light

is just the culprit for that case.

Taking a few steps down, I've halted at its granary . . . with

the shadow of tender twigs & leaves cast on the wood door.

Round leaves seem to roll down the shiny gloss of the wood relatively

well-trimmed.

아까 집을 나설 때에 처마 앞을 타고내릴 듯이 매달렸던 짙은 잿빛 잎들의 뒷면도 생각났다.
어느새 나는
가지, 잎들의 다양한 그림자와 빛에 끌려가고 있다.

넓은 공터가 눈에 띄었다.
정미소 창고서 아래쪽으로 이발소를 지나 길 따라가다 보면, 빈 터 한가운데 어른 키만큼 높은, 억지로 자른 듯이 보이는 콘크리트 덩어리들이 놓여 있다.
붉은 페인트로 서툴게 쓴 "ㅅㅁ"라는 글자와 함께...
그리고 넓은 공터를 가로막고 있는 높은 벽 위로 고개 내민 쇠막대기에 걸려있는 긴 선이 땅 쪽으로 축 처져 있었고
가지 잎들의 그림자 위로 공사기구 통(?) 같은 것들을 매단 굵은 줄도 눈에 띤다.

정오를 조금 넘었을 뿐이지만...

Leaves dangling from the eave I saw leaving the house, their dark-colored backs have returned to mind.
Involuntarily,
light and shadow of leaves & branches leading me on.

I've seen a wide open space
—past the barber shop down the road from the granary—in the middle of which there are adult-tall, seemingly force-cut blocks of concrete,
with clumsy red letters "入口 entrance" on . . .
A few long cords coming down from a T-type iron rod standing right behind the high wall,
and also cables—with tool boxes and stuff hanging on—over the shadow of leaves or branches.

Just a bit past noon, . . .

11월 중순이 이미 지난 때여서 옴츠르든 작은 잎들을 매단 여린 가지들의 흐드러진 모습이 공터 끝을 가로막고 있는 높다란 벽에 거울처럼 비치고 있다.

"재건"을 위한 파괴 앞에서 자연은 더욱더 순수하고 아름답다.

길가 쪽으로 빈터가 끝난 곳에 서터가 내려진 건물이 있었다.
가로수 한 그루가 연극 '주인공' 되어 굳게 내려진 짙은 색 서터 무대에 가느다란 잔가지의 늦가을 빗줄기를 뿌리고 있다.
서터 앞에 놓인 의자에 앉았을 사람에게도 그 비는 계속 내렸을 게다!

날카로운 짙은 색의 나뭇잎들, 동전같이 동그란 검은 나뭇잎들, 그리고 작은 잎을 단 잔가지들이 눈앞에서 뱅뱅 돌고 있다.
(이미 점심때를 훨씬 지나고 있었건만, 빛과 그림자가 엮어 가는 이미지 조각들을 들이키면서, . . .

long but thin branches and their shrivelled-up—already past mid-November—tiny leaves are mirrored on the high wall bordering one end of the vacant lot.

Nature's more pure, beautiful before destruction for "renewal."

On the roadside of the lot stands a building—I've found—on whose closed dark-colored shutter a tree is casting a late-autumn-rain-like twig shadow. *It might have been fine-raining* over a person sitting on the chair right before the shutter!

Keen & dusky leaves, coin-like blackish leaves, tiny-leafed dry thin branches just spinning in my vision.
(It's far past a lunchtime. *I'm, however, wandering around another "emotional cognition" alley,* . . .

"감성적 인식"의 또 다른 번지수를 가진 골목을 헤매고 있다.)

왔던 길을 돌아오려다 인도에 나동그라져 있는 가로수 그림자가 눈길을 끌었다.
가늠해보니 처음 집을 나서서 길을 건널 때에 만났던 나무 그림자(13시 07분)보다 몇 배로 커져서...
불과 34분여 만에...
빈터 안쪽으로 머리를 두고 뻗어... 잡초와 그 그림자,
버려진 담배꽁초,
껌 딱지와 껍데기,
사탕껍질,
캔 음료 통 등
잡동사니 쓰레기들과 섞여... 그 끝을 찾아내기 힘들다!

'오염과 반죽'이 되어버린 빛과 그늘의 현장이다!!

gulping images woven by light and shadow.)

Hurrying back, I've been attracted by a roadside tree whose shadow lying across the sidewalk

gets a few times bigger—than that of the tree(13:07) I had glimpsed crossing the street after leaving home—,

in just 34 minutes or so,

into the vacant lot—with weeds and their shadow as a pillow—to mingle with litter and stuff

like cigarette butts,

pieces of gum and wrappers,

candy wrappers,

beverage cans, etc. . . . Really hard to find out its top!

A spot of *"Pollution-kneaded"* light and shadow!!

서터문이 내려진 건물 아래쪽으로
비교적 깨끗한 빈터가 눈에 들어왔다.
그 터에는 역을 통하여 거래되는 물건을 쌓아 두었던 곳으로 보이는 창
고건물이 있고,
창고 둘레에 오래된 키큰 나무 몇 그루가 서 있다.
. . .
나무 그림자가 시커먼 뱀처럼 뒤엉켜 기어오르고 있다,
이제는 낡아빠졌고 더 이상 쓸모없어 천덕꾸러기로 내동댕이쳐진 창
고의 외벽을.

시계를 보았다. 오후 2시가 되어가고 있다.
서둘러 길을 건너 위쪽으로 걸어갔다.
아까와는 다른 곳이지만 . . .
가로수들은 훌쩍 커버린 그림자가 되어 차바퀴에 닳고 닳은 중앙선을
넘어가고 있다.
가로수 그림자의 모습에 빠져 있다 무심코 보니,

A relatively clean, unoccupied land's come into

view—down the road from the shuttered building.

It has a stockroom where, seemingly, various station-traded products

used to be stacked up,

and which tall old trees stand around.

. . .

Their shadows are creeping—like snakes—up

the exterior wall of the stockroom, a weathered and no-longer-used

nuisance.

Looking down at the watch found almost 2 p.m.

I scurried across and then up the street . . . not the same place as

before.

The shadow of roadside trees is going over the centerline almost worn

out by car tires.

Meanwhile, I've happened to spot, across the street,

길 건너편 정미소 입구와 그 옆벽에 기댄 경운기가 눈에 들어왔다. 아직도 날카로운 가로수 잎 그림자와 함께...
가로수 옆의 사람 모습이 초라하게 느껴질 바로 그때에,
검은색 승용차 한 대가
길 위에 누운 나무와 전봇대 그림자들을
'뭉개듯이' 지나갔다.

'인간과 거대한 자연' 그리고 **'문명에 의해 파괴되어가는 자연'**을 동시에 느꼈다.

이번엔 건너편, 더 위쪽 길가에
서있을 가로수 그림자들이 또 궁금해졌다.
길 위쪽으로 죽 올라가다 읍내에서 보기 드물게 큰 개인소유 빌딩이 보이는 곳에서 발을 멈춰, 길을 건넜다.

"회춘당 한약방"이란 간판이

the rice-mill entrance and the tractor standing by the wall—together with the leafy shadow still keen. . . .
Just when a person looks so small beside a roadside tree,
a black sedan has sped away
as if to trample down the shadow of trees and utility
poles that sprawls on the street.

That reminds me of "Man and huge nature" and "Civilization-undermined nature."

How will they look?
Trees up the other side of the road.
I walked up to where there's a private building, particularly large in town, and then crossed the street.

The '회춘당 한약방' signboard hangs vertically

주택과 병원 건물로 꽉 들어찬 제법 큰 집터 입구 대문에
버젓이 내걸려 있다.
한약방 입구 길가에 섰던 가로수가 오후 중반의 그림자가 되어,
매일 오후 2시경의 이벤트마냥,
머리채를 풀고 대문 안으로 향한 채 기어들고 있다.

나도 회춘당 한약방 안쪽이 궁금해져 그림자를 따라 들어갔다.
그리고 사람 발걸음이 끊어진지 시간이 좀 지난 것 같은 안쪽 마당을
넋빠져 돌아다녔다.

담장 안쪽 벽에는 '빛과 그림자의 밀월'이 한창이다.
11월의 삭풍이 불 때마다 빛과 그림자는 더 크게 일렁인다.
그들의 밀월은
담장 밑에서 찬 공기에 시들어가면서도 아랑곳하지 않고
마지막 꽃망울을 터뜨리려 안간힘을 다하고있는
국화꽃과 그 잎들 위에서도 그러하다.

beside the gate of the site packed with residential and hospital buildings.
The shadow of a tree right before the herbal medicine clinic, like a 2:00 p.m. daily event,
is crawling into the gate as a samba-style guest.

I followed, too, curious about the inside of the clinic.
And then I walked, enraptured, around the garden within the clinic seemingly long-unvisited.

The honey-moon of light and shadow is at the peak.
November's wind disturbs their honeymoon time after time.
The honeymoon, however,
lasts over the chrysanthemums withering shivering in cold
and yet writhing to open their last flower buds
right beside the lower side of the wall.

4. 또 다른 번지수를 가진 "감성적 인식"의 골목에서
Into the "Alley of Emotional Cognition" with another street number

빛과 그림자의 또 다른 모습이 머리 안에 기록되었다.

한약방을 나왔다,
바깥 담벼락은 어떨까?! 갑작스런 호기심이 일어나 . . .

바깥 왼쪽 담장에 '검은 벚꽃이 활짝 피려' 한다.
눈이 부시다.
'악마의 미소'가 번득이는 안쪽 담장과는 너무 다르다.
오랫동안 담벼락에 달라붙어 있었다.
"진해 군항제"를 맞이할 즈음,
길가 여기저기 만발한 '벚꽃'들이 불어오는 바닷바람에 흩날리고 있다.
. . .

갑자기, *정미소 벽에 꽂혀 있던 잎 그림자들이 내게 손짓한다.*
한약방 바깥 담벼락에 묶여있던 발을 떼어 정미소로 향했다.
다리가 조금 무겁다.

Another image of light & shadow's been recorded.

I got out,

driven by a sudden curiosity, *How is the outside wall?*

The left-wall cherry blossoms seem to be soon in full bloom.
How dazzling!
Too different from the inside with devil's flashing smile.
That has stuck me to the wall.
Around "Jinhae Naval-port Festival",
A sea breeze's scattering cherry-blossom petals all over the small town. . . .

All at once *the scary shadow on the mill wall waving to me.*
And then that's dragged me toward the mill.
My legs feeling somewhat numb . . .

로봇처럼 움직이고 있다.
시계를 보았다. 오후 3시에 다가가고 있다.

다리를 열심히 저어 마침내 경운기 옆에 닿았다.
겨울로 접어드는 시기여서 해가 무척 짧아진 탓인지 경운기 옆 벽에서 느껴졌던 잎 그림자들의 날카로움은 온데간데없고,
. . .
'짙은 안개에 싸인 단풍나무'가 그려져 있다.
바람에 머리카락이 흔들거릴 때마다
내 머리 안에 있는 잎 그림자들도 일렁인다. . . .

다시 시계를 보니 이미 3시가 지났다.
생각해보니 **"회춘당 한약방"** 뒤쪽 담장 안에는 오래된 키큰 나무들이 자라고 있다.
쏜살같이 왔던 길을 다시 되돌아갔다.
그리곤 한약방 안으로, 뒤쪽 담장으로 달렸다.

I'm moving like a robot.

The watch says it's almost 3 p.m.

Shaking a leg got me finally to the mill.

The season changing into winter with daytime much shorter, keenness

has . . . disappeared from the leafy shadow,

. . .

Just a maple tree shrouded in thick mist there.

Everytime a wind blows my hair,

the *shadow of leaves also sways in my head*. . . .

Again, the watch warned the time "past 3 p.m."

Reminded of big old trees inside the wall behind the **'회춘당 한약방'**

clinic,

I scooted back the way I had come,

into the clinic gate, and then over to the rear wall.

약방 뒤쪽의 소음과 진동 때문에,
담장 위쪽 벽돌들이 먼 시골 노인의 이빨처럼 군데군데 떨어져 나가고 없었으며
담장의 벽돌도 지쳐 여기저기 금이 가고
벽돌 사이사이 시멘트가 떨어져 나간 곳이 많다.
고목의 굵은 밑동과 긴 가지들이
오후 중반을 넘어선 햇살에 부드럽고 호젓한 그림자로 퍼져서
상처투성이의 뒤쪽 담장을 커튼처럼 둘러 가리고 있다.

한약방 대문을 나오니,
역전 부근에 '뱀처럼 창고 벽을 타고 오르던 그림자'가 머리를 스쳐 갔다.
황급히 역전 쪽으로 길을 떠났다.

그 진한색의 두툼하게 살찐 뱀 그림자는 찾아볼 수 없다.

Continual noise and vibration from behind

have dropped out bricks of the top line—like the teeth of oldies

dwelling in the bush—,

and cracked many ones here and there,

and also chipped off pieces of cement between bricks.

The late-afternoon light has transformed

the large bases and long branches into a smooth & lonely shadow,

which covers such scars from time.

When I got out of the herbal clinic,

the *"Serpents creeping up the stockroom wall"* flashed through my head.

Hurriedly I left for the station.

Such dark and fat snakes are seen nowhere, though.

놀랍게도, 나무 그림자는

'연한 무채색 물감'의 가는 물줄기들이 되어 슬레이트지붕 처마 밑으로 흘러내리고 있다.

불과 1시간 27분 만에 일어난 변화다.

창고 벽을 줄줄 타고 내린 그림자는

역전부지 빈터 위에서 '개울'을 이루어 나무 밑동 쪽으로 흘러가고 있다.

또다시 한약방 쪽으로 속력을 내어 뛰다시피 했다. 그러면서 시계를 또 들여다보았다.

오후 3시 19분에 이르고 있다.

거리에는 이미 그 눈부셨던 빛들이 날개를 접으려 한다.

한약방 뒤쪽 낡고 오랜 담장에 우아하게 드리워졌던 커튼은 이제 칙칙한 색채로 변하여 걷히어지고 있다.

불과 15분여 만에.

Pale-achromatic-colored water's

trickling down the front wall from the slate roof & eaves.

That's amazing!

Just one hour twenty-seven minutes' happening!

The shadow has been flowing

into a *brook over* to the base of the tree in the middle of the stockroom site.

One more again I sped up to the clinic, glancing at my watch to read the time.

It's reached almost "15:19."

The light—which poured over town—is already being folded.

Now, the curtain-like shadow—all over the old worn-out wall behind the clinic—is also fading away.

In just 15 minutes or so.

그리고 1분씩 지날 때마다 이미 흐려진 가지, 잎들의 그림자와 꺼져가는 햇살이 아직 남은 담장은
그들의 명암 차이를 좁히고 있다.

또다시 한약방을 나왔다.
한약방 바깥 왼쪽 담장에 수없이
많은 꽃망울을 터뜨리기 시작했던 '검은 벚꽃'들도 그 윤곽이
. . . 부서져가고 있다.

역 쪽으로 갔다.
길 위에 얇게 똑, 똑 떨어지고 있는 땅거미를 따라 변해가고 있을 그림자들을 상상하면서 . . .
처음에 들여다보았던 골목 왼쪽 벽에 들러붙었을 전봇대 그림자를, 이발소 의자를 위로하던 그림자와 변화를,
건축예정지 콘크리트 덩어리 뒤쪽 벽에 어렸던 그림자와 그 변화를 . . .

Every and each minute's lessening the gap between the already-
shadowy leaves & branches
and the still-bright wall.

Over again, I left the clinic,
passing by the outside left wall
with seemingly-already-in-full-bloom darkish cherry blossoms . . .
crumbling away now.

Then I went toward the station,
imagining the shadow of the utility pole to have touched the left-side
wall of the alley I'd looked into,
some change in the shadow of the barber-shop chairs & sofa and in
the reflection on the wall behind
the construction-site concrete blocks, together with *dusk dripping
all over the roads*. . . .

모두모두 잿빛으로 물들여가는 어둠으로 일그러져가고 있을 모습들을
상상하면서... 내 머리는 점점 복잡해지고 있다.
이른 오후의 그림자들이 의식 속으로 되살아나
아까 변하고 있던 그림자들 그리고 지금의 그림자들과 함께 교차하면서
...

그렇게 15분쯤 걸었을까?!
확 트인 역 플랫폼에 서서 주위를 둘러보았다.
구역을 알리는 여윈 번호판 막대가 위아래로 평행선 그림자를 던지고
있다.

기울어가는 빛을 가리는 높다란 물체가 거의 없는 역 광장에 혼자 서
있었다.
머릿속에 떠돌아다니는 그림자들을 되새기려 하면서...
시계는 이미 오후 4시를 넘어섰다.

And each and every figure to disappear soon into faint ashen gray . . .
grows my head into bewilderment.

Early-afternoon's images back into consciousness
getting confluent with changing-till-now ones and ones on the
retina . . .

Meanwhile, walking about 15 minutes?!
I'm looking around from the open station platform.
Zone-number poles throwing pale-colored shadows parallel to each other.

Alone on the square without almost high-rises and stuff against the declining sun,
I'm recalling images floating around in my head.
Already past 4:00 p.m. . . .

가까운 들판으로 갔다.

기온이 더욱 떨어져 바람이 세졌다.

초겨울의 힘센 바람에 이미 잎이 거의 떨어져 나간 앙상한 나무가 흔들거렸고

잡초들이 연갈색 머리카락을 풀어헤치고 나부낀다.

1분, 2분, 3분... 물끄러미 들판의 색을 바라보고 있다.

역을 떠나서, 이른 오후 가로수 잎 그림자들이 벽에 날카롭게 꽂혔던 정미소로 돌아갔다.

오늘 오후 동안 네 번째 찾은 셈이다.

세 번째 왔다 1시간 20분이 지나 다시 온 것이다.

경운기 옆 벽에는 날카로운 잎도, 흐릿한 단풍나무도 없다. . . .

이미 어두워진 부분과 어두워지고 있는 부분 사이의 경계도 점점 허물어지고 있다.

. . .

어릴 때 뛰어놀던 집 앞 "정순이네" 딸기밭 수풀이 떠올랐다.

Over to the nearby field I've moved.

The temperature has dropped to sharp winds.

The early winter's strong wind shakes almost-leafless dry branches,

and also beats even gold-beige weeds.

One, two, three minutes . . . I'm watching its changing color.

And then I've been back to the mill—on whose side wall the early-afternoon light had drawn bladelike leaves

—for the 4th time this afternoon

and one hour twenty minutes after my 3rd-time visit.

The wall has neither pointed leaves nor a faint maple tree.

The border—between the darkened and darkening parts—has been disintegrating gradually.

. . .

Jeongsun's strawberry field we'd frolicked on occurred to me.

벽 그림자 속을 더듬어 본다. . . .
손에 잡히는 것이 아무것도 없다.
그저 진하고 그보다 아직 연한 명암의 조각들이 내 손등에 내려앉을 뿐이다.

그 앞에서 생각에 빠져있는 동안,
계속 담장과 잎, 줄기들의 명암차이가 정상분포 곡선의 "0"에
조금씩 다가가고 있다.
빛과 그림자로부터의 현상들을 더 이상 보기 힘들어졌다.
. . .

어슴푸레한 잿빛 세계에서 영롱한 빛들이 빛나고 있다.
그 빛들은
부서졌다 다시 이어졌다 하면서,
움직이고 있는 프리즘 속의 빛처럼 빛나고 있다.
아마 먼 과거로부터 온 짓궂은 '빛의 장난'이었다.

I feel around for my childhood. . . .

Nothing . . . nothing there, though.

Innumerable pieces of twilight just stay on the back of my right hand.

In the meantime, their gap is

getting nearer and nearer to the "0" point of a normal-distribution curve.

To almost no more message from light & shadow.

. . .

There was "prismatic" light in the grayish gleaming.

The streaming "time"

either broke or changed the light

as if it were in a moving prism.

A mischievous play of light from a distant past?!!

시간이 가을로 저물었다 겨울이 끝난 다음 봄으로 다시
이어져 갔지만,
까만 어둠의 '감성적 인식'에 빠져, 이를 잊은 채로 '길고, 길었던 겨울
잠'을 그냥 잤을 뿐이었다.

이젠 의식에 큰 전등을 달아야겠다.

길고, 긴 어둠의 감성적 인식에서 벗어날 즈음,
'빛과 그림자의 조용한 대립'을 만난 어느 날
"빛과 함께한 그늘"이 엮어가는 이미지 조각들을 쫓다,
. . .
나는 감성적 인식의 또 다른 번지수에 들르게 되었다.

그래서 내 의식에 큰 등불을 밝혀
지난날의 흔적들을 다시 사유思惟해야 할 것이다.

From fall to winter and then to spring, over to summer,
and then again . . .
Me just in long hibernation—long, lengthy 'emotional cognition' of jet-black darkness.

Now, my conscious has required a large-bulbed lamp.

At the end of long, lengthy emotional cognition,
meeting a 'tranquil conflict of light & shadow'
and pursuing images woven by "shade with light" one day,
. . .
I got to wander into another emotional cognition.

Thus, *my consciousness lighted up*,
traces of bygone days need to be speculated again.

5.
새로운 "이성적 인식"의 골목으로

Then, into a New "Alley of Rational Cognition"

5. 새로운 "이성적 인식"의 골목으로

봄부터 여름까지의 저녁은 유달리 길다.
해지는 시간이 길어져서 땅거미로 물드는 시간도
길어지기 때문이다. '하지'가 바로 어제였고 이제 해가 자꾸 조금씩 짧
아져 갈 것이지만,
아직도 긴 땅거미 아래에서 숨 쉬며 거닐 수 있다는 것은 퍽 다행이고
행복한 일이 아닐 수 없다.

실존적인 하루의 탄생이,
한 존재를 위한 하루 삶과 생의 시작이 황금빛이라면...
그것이 저무는 한 존재의 하루 삶과 생이 끝나는 죽음은 보랏빛이다.
여름철 하지 즈음 긴 땅거미가 몰려와 땅과 하늘이 느리게 보랏빛으로
바뀌어가는 시간이 길어짐은, 비록 빛이 가고 어둠이 오는 것이지만,
"빛과 어둠이 함께하는 시간"이 길어지는 것이요,

5. Then, into a New "Alley of Rational Cognition"

Unusual is the spring-to-summer evening.

That's because a late sunset also extends dusk.

Yesterday was summer solstice, after which the daytime will get shorter and shorter.

Quite fortunate and happy, nevertheless, is strolling around, not dead, in the gathering darkness.

An existential day's birth,

one day's living & life starting for a being is golden hue . . .

Well then, violet is an existential day's death, one day's living and life ending for a being.

Around summer solstice, the longer gathering of darkness makes "the ground & atmosphere turning into violet" longer—that is, light fades and darkness comes.

But the "light accompanying darkness" time lengthens,

한 존재인 생명체가 하루를 보내면서
생에서 맞이하는 빛과 어둠의 최후인 죽음에 대하여
그리고 지나온 삶과 생의 하루하루에 대하여
좀 더 오래 생각하고 독백함으로써
남은 삶과 생의 날들인 존재로서의 하루하루가 갖는 빛과 그늘 그리고 어둠을
좀 더 고귀하고 신성하게 할 수 있을 것임은
봄과 여름만이 갖는 정말 행복한 낭만이 아닌가?!

비가 몹시도 퍼부었다.
아크로폴리스에 빗물이 폭포를 이루면서 뒹굴고 내려왔다.
열려진 창문으로 도서관 건물 뒤를 바라보니, 계단 계단을 타고 흘러내리는 물에서 "언니, 결혼하면 공부할 수 있겠어요?"
라고 말하던 학부학생이 떠올랐다.
글쎄, 결혼은 생각해 보지도 못했던 터여서 듣고만 있었다.

and a being as an existence

can think or say a little bit longer to himself or herself

of death the last of their welcoming light & dark,

and about every day of their past living & life.

So, the light & dark including shade from every day of their remaining existence

would be a little nobler and holier.

That's truly the romantic happiness of spring and summer?!

   It poured so hard.
   Rainwater cascaded down the acropolis steps.
   I looked through an open window on the back of the library,
   reminded of the undergraduate woman student having said
   "How could marriage keep you studying?!"
   Well, I just heard, having never linked up myself with it.

아직 '이팔청춘'의 나이였음에도, 날씨가 무척 맑은 날과는 달리 높은 비율로 존재하는 낮의 어둠인 그늘로 인하여 머리에 아로새겨졌던 기억들이 되돌아왔던 것이었다.
그렇지 않았다면, 캠퍼스의 맑은 자연을 물끄러미 쳐다보면서 이를 지각하였거나 아니면 도서관 열람실에서 책에 파묻혀 지식세계를 헤매고 있었을 터인데. . . .
대체로 '비'를 좋아하는 마니아(maniac)들도 있지만, 비가 내리는 날이면 사람들은 '비 오는 풍경'을 멍하니 바라보면서 복잡한 일상을 벗어날 수 있음을 맛보게 된다.
그리고 날씨가 흐리거나 비가 오면 온종일 상념에 젖게 된다.
거기다 '내리는 빗줄기'를 보고 있노라면 그들의 마음속에 제멋대로 쌓였던 고통스럽거나 뿌리깊은 어려움을 식혀주는 효과도 있게 마련이니. . . .
어쨌든 이런저런 이유로
비가 내리거나 구름이 끼면, "빛"의 영향력이 약해지니, '평소의 자기'를 벗어나게 되는 것이다.

It was when I was still a spring chicken, but a higher rate of shadow had called forth reminiscences dormant in the brain, different from gorgeous weather.

Otherwise, I would have been gazing around at the green campus or losing myself in the knowledge world while reading books at the library. . . .

On the whole, there are many rainy-day freaks around us, but people usually enjoy staring at such raining scenery, freeing themselves from various daily troubles.

And an overcast or rainy day kind of keeps us lost in thought all day long. Moreover, falling raindrops help us cool down from something heartbreaking or troublesome—heaped up in each of our mind. . . .

For this or that reason,

rainy or cloudy weather lessens the effect of "light", which tends to change our 'usual self.'

맑은 날씨엔 공부친구들이 간혹 찾아왔다. 많은 대학원생들이 주로 낮엔 직장에서 일하지만, 그 외의 학생들은 도서관에서 공부를 했다. 그들 중 '이름도 모르는' 공부친구들이 있었다.

그런 친구들 중 한 명이 어느 날 '얘길' 하자고 하기에, 도서관 뒤뜰로 따라나가 짙게 물들어 떨어진 낙엽에 앉아서 시간가는 줄 모르고 쫑알대었다. 교수님과의 '플라토닉 러브'까지 포함해서 . . . 그리고는 다시 찾아와 '독일유학'을 떠난다는 얘길나누다, 배가 고프다고 그림처럼 달려가 버렸다!

앞서도 말하였겠지만, "빛"은 외부세계의 현상과 물체들을 존재로서의 생명체 머리 안에 비추어 지각하게 하고 저장 및 기억하게 하여서 다양한 인식과 그 작용들을 형성하게 한다.

그래서 왕성한 외부세계로의 관심과 지각능력이 있는 세대들은 외부적 탐색활동을 자연스레 하게되는 것이다.

그런데 "빛"이란 것이 시도 때도 없이 플러스적인 영향만을 끼치는 것은

On sunny days bookworm friends of mine sometimes visited. Most graduate students worked in the daytime but the rest stayed on the campus. I had face-known friends one of whom, one day, took me to the lawn behind the library. And we chatted on, not knowing what time it was already, about many topics including "Fatherly love" from professors. . . . And she revisited, saying she'd study in Germany. Then dashed away mumbling "Hungry . . ."

Mentioned above, light mirrors world phenomena and objects into the brain of a being that they may be perceived, stored or remembered for various types & modes of cognition.
Thus, generations with strong interest in and perception of the external world get to search it quite naturally.
By the way, light doesn't absolutely always have just a positive

아니다.

밤의 빛도 물론 외부적 탐색활동을 일부 하게는 하지만, 장소와 실존성에 따라 정반대의 영향을 주기도 한다.

대학원 입시를 위하여 봉천동에서 자취한 적이 있다. 화장실에서 학부생으로부터 '공부와 결혼'에 대한 얘기를 들었을 때보다 훨씬 이전의 일이었다. 지금도 서초동에 "무지개아파트"가 재개발에 묶여 있는지 아니면 없어졌는지 모르지만, 그 무지개 아파트는 제법 수준높은 고층아파트였다. 이따금 친구를 따라 잠실 주공아파트에 사는 친구의 친구 집엘 놀러 갔고 그러다가 저녁 늦게 버스를 타고 자취집으로 돌아갔던 적이 있었다. 그때에 바라본 그 아파트는 휘황찬란하게 불이 켜져있어 '칸칸마다의 로맨틱한 행복'이 무척 부럽게 여겨졌다.

돈도 직업도 그 어느 것도 갖지 못했던 이십대 중반의 . . .

influence on people.

Night-time light kinda gets us to explore the outside, but to stop it totally according to its location and existentiality.

The graduate-school entrance exam moved me to Bongcheon-dong, long before the "study & marriage" story from the undergraduate student. I'm not sure whether the 'Muzigae Apartment' was already demolished or remains tied to redevelopment in Seocho-dong. The apartment used to be quite handsome. Once in a blue moon I followed my friend to her friend's in Jamsil. One day while we waited for a night bus back, I gazed up at brilliantly-lighted romantic happiness from each room of the apartment, feeling envious of it.

Which is maybe . . . because I was a moneyless & jobless girl

'늦깎이 사춘기'도 벗어나지 못한 때여서 . . . 그랬으리라.
이런저런 "빛"과 관련한 에피소드가 너무 많아서, 종이에 옮겨 놓는다면 아마 엄청나게 큰 축구장을 가득 채우고도 모자랄 것이다. 물론 이는 가정일 뿐, 단순한 읽을거리나 흥밋거리를 만드는 일에 지나지 않겠지만 . . . 중요한 것은 각각의 스토리가 담고있는 내면에 숨은 뜻이 아닐까 한다.

    어릴 때였다. 그날은 썩 화창하지는 않았다. 여느 날처럼 특별히 할 게 없었다. 마당 한쪽에 놓인 나무마루에 앉으니 따스한 햇살이 코끝을 간지럽게 했다.
    눈을 감았다. 딱히 할 일 없어 무료하고 말 붙일 이도 없으니 . . . 어슴푸레한 잿빛 세계에서 영롱한 빛조각들이 이어졌다 떨어졌다 하면서 움직이는 프리즘 안에서처럼 빛나고 있었다.
    재미있어 고개를 이리저리 돌려보았다.

in my mid-20s . . . and also still in 'late puberty.'
There can be too many episodes—with these contents or those related to "light"—enough to overflow a huge size of a soccer field. That, however, sounds like a funny supposition as just something to amuse us while they're read or enjoyed. . . . What matters . . . is meanings such tales cherish.

> One not-so-sunny day when young I sat on a wooden bench
> at a corner of the front yard—nothing particular to do with
> me as usual—, the sunlight tickling my nose tip.
> I closed my eyes, tired of a lazy day with even no friend, . . .
> to see prismatic light serenely twinkling in and out—as if
> the light were alive—in a haze-gray world.
> To great fun, I turned my head from side to side.

그런 다음에는 그러한 빛놀이를 할 수 없었다. 두 눈을 딱 감아도 잿빛 시야를 불그스름하게 물들이는 햇살의 퍼짐만이 두 눈꺼풀 사이로 새어들 뿐이었다.

그것은 먼 과거로부터의 '빛의 장난'이었다.

무수한 시간이, 무수한 계절이 가을로 저물었다 겨울이 가고 봄으로 이어졌지만, 그 빛을 찾지 못한 채 길고 길었던 어둠의 '감성적 인식'에 빠져있었던 것이었다.

그러던 중 "빛과 함께한 그늘"이 엮어내는 이미지를 쫓아가다 또 다른 번지수의 '감성적 인식'에 들르게 된 것이다.

> 내가 어릴 적 지내던 방들은 낮에도 '굴'같이 어두컴컴했다. 햇살이 들어오는 창문이 커튼으로 치장되었을 뿐 . . . 낮이나 밤이나 어둔 방에서 머무는 것이 유일한 행복이라면 . . . 밝은 세상이 그리 좋지도 않았고 사람들과의 접촉도 달갑지 않았다. 그러니 굴에 사는 "한 마리 짐승" 같은 존재로 . . .

And then no more game of such light I could enjoy. Firmly-shut eyes just let beams of the sun tint the grayish world inside the eye pinkish or reddish.

It was a 'play of light' from a distant past.

Time not pausing, seasons from autumn to summer repeating changelessly, the long lengthy 'emotional cognition' of darkness had been locking me in agony.

Meantime, pursuing images woven by the "shade with light" dropped me into another "emotional cognition" alley.

> Just as dark as a cave were the rooms that I stayed in when young. Their window just decorated with curtains . . . That gave me happiness rich with me but humble with others, my only happiness, . . . better than the bright outside world or communication with others. Like a cave animal . . .

어찌 보면, 그러한 "어둔 굴속 시절"은 어릴 적 나무마루에서
즐겼던 '그 빛'을 더 이상 보지 못했기 때문이었는지도 모른다.
오랫동안 그 빛을 보지 못하여 어두컴컴한 방에 처박혀 있던 시절이 끝
나가자...
소위 "도서관 시절"이 온 것이었다.
도서관은 언젠가부터 낮 시간의 삶과 생의 현장이 되어 있었다.
말이 '학교에 간다!'일 뿐이지, 매일매일 해만 뜨면 도서관에 출근처럼
하여 공부하고 사람들 만나고 그런 다음에 저녁나절이 되어야 집으로
돌아왔다.
물론 지금도 그러하지만...

In some way, such "dark days" might be because I couldn't any longer see the "light" that had delighted me on the wooden bench in my childhood. Which cornered me into a cavelike room, . . .
then into a reading-room—my "library days."
A library seat has been my daytime residence for living & life. 'Going to school' just meant studying in the library and meeting people, and then returning home in the evening—almost every day.
Sure, now . . . too.

겨울이 차디찬 북서풍을 타고 이 땅에, '경주시 건천읍 20번국도변'에 다시 드리울 즈음, 이른 오후
그러나 짧아진 햇살과 함께하는 그늘이 곳곳에 연출하는 **섬세한 그림자를 쫓아가**보았다.
스쳤으나 되돌아온 이미지,
눈 망막에 맺힌 이미지,
그리고 시간을 빗나가는 교차된 이미지를 따라 발걸음을 옮겨보았다.
길고 길었던 어둠의 '감성적 인식'에서, 이젠 벗어나
'빛의 그늘'이 엮어가는 '또 다른 감성적 인식'의 골목을 헤매어 돌아다니다,
한 존재로서의 실존인 긴 여정을 매듭짓는 '이성적 인식'의 골목을 잠깐 동안 이리저리 들락거리게 되었다.

One early afternoon of winter whose northwester re-blows across
Route 20 through Geuncheon-eup Kyeongju,
I followed around *delicate shadows* created by shade with shorter
sunlight—staggering
after those which are also
images flashing by only to return,
images formed on the retina, and ones intercrossed beyond time.
Escaping from the dead-hard 'emotional cognition',
then wandering 'another emotional cognition' alley directed by 'shade with light',
I've happened to hang around the 'rational cognition' alley that
finalizes a being's existential journey.

낮의 '빛'은
외부세계의 현상과 물체를 한 존재인 생명체 머릿속에 비추어 줌으로써 감성적 인식과 이성적 인식이란
것들을 형성하게 한다고 하였으나, '감성적 인식'을 위하여 "빛"이 미치는 영향력이 보다 훗날에 갖게 될 '이성적 인식'에까지 미치게 됨은 두말할 필요가 없을 것이다.

The daytime 'light'

makes external phenomena and objects reflected on the retina,

forming emotional & rational cognition.

The effect of light on the former cognition, however, will extend to the latter cognition, which would be able to be said over and over again—

sure!!

6.
창의성, 이미지로 점화하다

Creativity, it sparks in imagery

Wandering for imagery . . .

6. 창의성, 이미지로 점화하다
1) 표층적 정보처리과정과 심층적 정보처리과정

삶과 생의 하루하루,
외부세계의 모든 현상과 물체들은 "빛"에 의하여 다양한 감각의 지각을 거쳐 머리에 저장되고 기억된다.

그럼으로써 외부현상과 물체들은 존재의 머리 안에서 직접적 개별적 구체적인 감성적 인식(외면적 인상을 형성)의 대상이나 내용을 이루게 되며, 나아가 감성적 인식은 형성된 내용들의 비교 구별 등을 통해 개념 판단 추리 위주의 이성적 인식(사물의 본질적인)으로 발전하게 된다.(이성적 인식은 일반적인 "인식"을 말한다.)

이 두 수준의 인식은, "정보처리이론(20C 중반 인간의 심리와 학습 그리고 전자매체 활용 등의 기초이론)"의 정신 및 기억과정인 '표면적 정보처리과정(Chaiken & Trope, 1999)과 심층적 정보처리과정'(http://elearningindustry.com)과도 일치한다.

즉, **감성적 인식**(http://www.laborsbook.org 감각기관을 통한 인식
—an effortless type of cognitive processing in which individuals do

6. Creativity, it strikes in imagery
1) Superficial & deep information processing

Each and every day of our life and living,
the brain gets to store and memorize, by light, the objects and phenomena that our various senses perceive.

Hence, those stored like that make targets or contents of emotional cognition(that is to say, outward impressions) direct, individual, and concrete, which can be developed—through comparing or distinguishing—into rational cognition(essential to their understanding), namely general recognition, focused on conception, judgement, reasoning, etc.

These two cognitions also accord with superficial(Chaiken & Trope, 1999) & deep(http://elearningindustry.com) processing—which are the mental and memory processes based on "Information Processing theory."

That's to say, **Emotional cognition**(http://www.laborsbook.org), an effortless type of cognitive processing, means *"Superficial information* not spend much time or mental effort in generating a response)은 외부세계의 현상과 물체들을 다양한 감각에 의하여 지각하고 '외면적 인상'을 형성하는 ***"표면적 정보처리과정"***으로서 반응을 생성하는 데에 시간이나 노력을 많이 요하지 않으나, **이성적 인식**(http://www.laborsbook.org Cognition by conceptual thinking: When learners interact with the information and analyze it. In most cases they will attach their own meaning to the content, which leads to long-term knowledge retention.)은, 감성적 인식이 형성한 내용들의 **비교, 구별 등을 통해 개념, 판단, 추리하는 동안** 정보와 상호작용하고 분석하면서 내용에 나름대로의 의미를 주어 장기기억형태로 지식을 보유하는 ***"심층적 정보처리과정"***이다.

processing" that forms "outward impressions" by perceiving phenomena and things from outside through senses and doesn't require much time and effort to react. **Rational cognition**(http://www.laborsbook.org Cognition by conceptual thinking: When learners interact with the information and analyze it. In most cases they will attach their own meaning to the contents, which leads to long-term knowledge retention) is *"Deep information processing"* that interacts with and analyzes various information—while conceptualizing, judging, and reasoning by comparing or differentiating emotional-cognition contents—and then retains knowledge, in long-term memory, which has been interpreted in their own way.

2) 4차 산업과 창의성

이젠 얘길 창의성으로 돌려, 4차 산업혁명에서 가장 중요한 화두 중 하나인 "창의성"은 정작 정확하게 정의되지도 뇌와 관련한 설명도 흔치 않다. '미술과 창의성'이란 말이 '4차 산업혁명에서의 창의성의 중요성' 등과 함께 세간에 돌기 시작하면서 많은 학부모들은 자녀들의 '미술지도를 통한 창의성 육성'에 관심을 갖게 되었지만, "창의성"이 숫자로 표시되는 '지능(Intelligence)'과는 많은 관련이 없다는 쪽으로 보고되는 연구물들에서 보더라도 "창의성"에 대한 규명 및 논의는 쉽지 않아 보인다.

　제 첫 수필집인 '아름다운 가난'의 '6장 창의성을 위한 교육'에서 **"창의성"**이란 '새로운 무언가를 만듦(구글링 결과, 서로 관련 없는 것들, 생각이나 개념들을 조합하여 새로움을 도출하는 집단 아이디어 발상법)'이라고 했으므로, '외부에서 주어진 것을 따라함에 의해서는 길러질 수 없다'라고 했다. 즉 전통적인 '언어 위주 수업방식'으로는 기름이 가능하지 않다는 말이다.

　Trend Insight & Business Creativity를 연구하는 날카로운 상상력연구소의 김용섭 소장은 창의성 기름을 위한 대안으로서 **"가정 교육"**에서,

2) 4th Industry and Creativity

Creativity regarded as one of the most important 4th-industrial-revolution topics, we can find it neither defined exactly nor even correlated with the brain. "Fine art and creativity" getting around in the world, together with "its significance in the 4th industrial revolution," has interested parents in development of creativity through art, but many a research found nothing in common between creativity and quantifiable intelligence—which proves it hard to investigate or discuss.

'Education for **creativity**' the 6th chapter of "Aesthetic Poverty" says, it can be defined as a 'producer of something entirely new'—by googling, a sort of 'Ideation' that combines irrelevant-looking things which are thoughts or concepts. So, coping alone can't reach creation of new items—that is, neither can traditional, language-oriented teaching.

Mr. Yongseob Kim Director of the "날카로운 상상력" Institute has proposed **home education** as an alternative for development of

첫째 아주 오랜 시간에 걸쳐, 둘째 쉽게 측정되지 못하는 능력인 창의성(력)을 습관처럼 잡아주면서 '창의적인 환경'에서 자유롭게 질문(문제의식의 시작)을 하는 자녀와 부모의 관계가 중요하다고 지적한다. 그러므로 과거의 생각을 주입하기보다는 자녀들이 글을 잘 쓰고 말을 잘하도록 부모들이 도와줘야 한다고 강조했다.

창의성에 대한 신경학적 연구로서, **미국 신경학자인 로저 스페리**(Roger Wolcott Sperry)는 Michael Gazzaniga와 함께 "뇌량 분리 환자"의 실험 및 연구 결과, **왼쪽 반구**[The left brain, 브로카 영역(Broca's area, 전두엽 부위: 언어생성 제어&말하기) 및 베르느케 영역(Wernicke's area, 후두부 인접한 측두엽: 청각적&시각적 언어정보 해석)]는 언어처리 위주의 논리와 추론에 관계하고; 그리고 **오른쪽 반구**(The right brain)는 시각-공간지각(visual-spatial perception)에 뛰어나며 정서관련, 즉 일상기억은 왼쪽 해마에서 편도를 지나 오른쪽 해마로 가므로 '편도의 영향'이 오른쪽 해마에 미친다고 했다.

creativity, where he pointed out the *parent-child relationship* is a really major element in treating creativity—first over a very long time and second out of easy measurement—habitually and also in freely asking questions—which means beginning of problem-awareness. Thus, he emphasized parents helping children write and speak well rather than stuffing them with ideas down from the past.

Roger Wolcott Sperry U.S. neurologist, as a result of his neurological research on a split-brain patient—together with Dr. Michael Gazzaniga—concluded **left-hemisphere brains**(with Broca's area in the frontal area for speech and Wernicke's area in the occipital-adjacent temporal lobe for auditory & visual language comprehension) has to do with linguistic logic and reasoning; and **right-hemisphere brains** have excellent visual-spatial perception, and emotion-related episodic memory goes from the left hippocampus to the amygdala and then to the right one—with amygdala-evoked effects.

(m.blog.daum.net. articleView-한의학 뇌 박사 김성훈 블로그, 2010. 12. 17; from www.nobelprize.org, 2003.10.30.)

그래서 창의성은, '시각-공간지각(imagery)'을 담당하는 오른쪽 뇌와 관련되며, 일상기억이 편도를 지나 장기기억 관련 오른쪽 해마로 간다는 점에서 감정이입("empathy") 또한 오른쪽 뇌에만 미치게 된다. 2017년 **Daniel Pink**는 *"미래는 구상의 시대(Age of Conception)"*로서 creativity인 창의성과 empathy의 감정이입이 풍부한 창의적 인간이 주인공이라고 했다. ("What is Creativity?" from www.creativityatwork.com/『A Whole New Mind: Why Right-Brainers Will Rule the Future』)

그러므로 **4차 산업혁명은**, '정보시대'의 주역이었던 왼쪽 뇌가 아니라, *imagery(심상, 이미지)*와 *empathy(감정이입)*가 있는 오른쪽 뇌와 관련한 "창의성"이 주인공 역할을 할 것이다.

(Seonghoon Kim—www.nobelprize.org, 2003)

So creativity's related to the right brain with visual-spatial perception, and episodic memory enters the amygdala and then the right hippocampus, which gets "empathy" to work in the right brain alone. In 2017 **Daniel Pink** said *"The future is 'Age of Conception'* led by those that have abundant creativity and empathy—that is, right-brainers"("What is Creativity?" from www.creativityatwork.com/ 『A Whole New Mind: Why Right-Brainers Will Rule the Future』)

Therefore, in **the 4th industrial revolution its driving force** will be *right-brainers—or their creativity*—who have abundant imagery and empathy, not left-brainers in the information age.

3) 좌/우뇌와 창의성

이제 "창의성"에 대한 논의를 좌우 뇌를 중심으로 "'감성적 인식"으로서의 표층적 정보처리과정'과 "'이성적 인식"으로서의 심층적 정보처리과정'에 비추어 보겠다. 그런데 일반적으로 창의성은 전두엽(Frontal lobe)에서 담당하는 것으로 지금까지 알려져 왔다. (최근, 'UNLOCK YOUR EXCEPTIONAL LIFE' by "Jim Kwik"에서도)

그러나 사람의 왼/오른쪽 뇌는 "뇌량(corpus callosum)"으로 연결되어있어 서로 정보가 교환되므로 상대 비율적으로 "왼쪽(위주)", "오른쪽(위주)"라고 보아야겠고, 창의성에 있어서도 마찬가지로 '전두엽이 창의성을 맡는다'고 보는 것은 마치 "왼/오른쪽 뇌를 이분법적으로만 생각하는 것과 같은 경우"로 보인다. 오른쪽 뇌가 맡는 창의성은 그 레벨이나 종류에 따라, 때론 전두엽을 벗어나 뇌의 뒤쪽(즉, 두정엽과 후두엽 등을 포함) 또는 보다 아래쪽(편도 등 포함)까지 관여될 수 있다고 본다. 그렇다면, 기억의 종류나 수준과 관련하여 창의성 형성에 어떻게 뇌의 부위가 관련되는 지에 대하여 알아보아야겠다.

3) Left-/Right-hemisphere Brains and Creativity

Now, "creativity" will be discussed, in light of superficial processing "Emotional cognition" and deep processing "Rational cognition"—based on the left/right brain. By the way, it has been generally known that the frontal lobe alone takes in charge of creativity.('UNLOCK YOUR EXCEPTIONAL LIFE' by "Jim Kwik", etc.)

　The left/right brain, however, should be regarded left- or right-oriented in proportion as information is exchanged through corpus callosum between the two; and so such a viewpoint of creativity sparking just in the frontal lobe is seen the same as thinking "the left/right brain" dichotomous. Creativity sparking, therefore, could trenscend the central sulcus area to involve the parietal lobe and occipital lobe—according to its level or kind—or even the limbic system including the amygdala. Then, we need to check brain areas for creativity sparking—according to memory types & levels.

그런데 일반적으로 "창의성에 관하지 않더라도" 인간의 두뇌는 '전두부(Frontal lobe) 위주로만' 논의되어 왔지만, 구글링은 "뇌의 뒷부분이 진화해가고 있다"는 많은 연구결과들을 검색해준다.

우선, 우리들 뇌에서 이루어지는 정신과정과 정신과정의 내용, 즉 두 인식적 측면에서 비교 설명하면서 **감성적**/*이성적 인식*의 내용적인 측면과 **표층적**/*심층적* 정보처리과정이란 정신과정적 측면에서 함께 이해하려고 하였다. 다시 말해서, 감성적 인식의 표층적 정신과정에서는 주로 **삽화적 또는 일상적 기억**(episodic memory, 명시적 기억 일부: **특정한 장소와 시간 위주의 개인적 경험의 모음**)이 주되며, 이성적 인식의 심층적 정신과정의 기억내용은 의미기억(명시적 기억이지만, 개인적 맥락과는 관계없는, 일반화되고 장기간에 축적된 지식과 의미 위주)이 주된다.

'창의성'을 더 잘 이해하기 위하여, 미국 신경학자인 **로저 스페리**(Roger Wolcott Sperry)가 행한 "뇌량 분리 환자"의 실험적 연구를 왼/오른쪽 뇌 중심으로 정리하면, **왼쪽 반구**[(left-hemisphere brains)에는

Googling searches out researches & their results showing *Our brain has been evolving on behind the central sulcus*—the frontal lobe is much debated, though.

First of all, this essay tries to comprehend our brain by comparing & explaining mental processes—**superficial** & *deep processing*—and their contents—**emotional** & *rational cognition*. In other words, superficial mental processing is composed mainly of **episodic memory or memory from daily life**(A sorta explicit memory, **a collection of individual experiences** focused on a specific spot & time). And deep mental processing consists chiefly of semantic memory—which is, as a kind of explicit memory, based on generalized and long-stored knowledge and its meaning which aren't individual.

The consequences from the experimental study *R. W. Sperry* did on the left-right hemisphere of a 'split brain patient'—to grasp creativity better—are as follows: ***the left hemisphere*** has Broca's area in the

말하기를 담당하는 브로카 영역(Broca's area, 전두엽 부위)과 듣기 위주의 언어적 이해를 맡는 베르느케 영역(Wernicke's area, 후두부 인접한 측두엽)]는 **언어처리 위주의 논리와 추론에** 관계하므로 여기 논제 일부를 차지하는 *창의성(creativity)*에는 관련이 거의 없는 반면, **오른쪽 반구**(right-hemisphere brains)는 시각-공간지각(imagery)이 뛰어나며, 정서는 일상기억(episodic memory-"life stories", an example from naver 영어사전)이 왼쪽 해마에서 편도를 지나 오른쪽 해마로 가기 때문이다. 이는 **창의성의 개별적 성향**(편도가 오른쪽 뇌에 영향)과 그 발현에 관련되며 **동시적 및 통합적인 *imagery*의 존재와 활동**은 창의성과 오른쪽 뇌의 밀착성을 뒷받침한다.

그렇다면, 감성적 인식의 표층적 정신과정의 주된 기억형태인 일상기억(또는 일화기억)은 "창의성"에 대한 위의 논의, 즉 왼/오른쪽 반구와 어떻게 관련되며, 이성적 인식의 심층적 정신과정의 기억내용인 의미기억(개인적 맥락과는 관계없는, 일반화되고 장기간 축적된 지식과 의미로서 명시적 기억의 일종이며, 언어로 서술될 수 있다)은

frontal lobe for speech and Wernicke's area in the temporal area adjacent to the occipital area for listening comprehension: that is, mainly *language-processed logic and inference*. *Thus, the left brain hardly looks related to the creativity part of this title;* **the right brain** has excellent visuospatial imagery and emotion because episodic memory moves through the amygdala to the right hippocampus from the left one, so individually-characteristic creativity—from the amygdala's influence on the right brain—and simultaneous & synthetic imagery—related to its sparking—support a high correlation between creativity and the right brain.

If so, how is episodic memory—the main contents of superficial process of emotional cognition—related to the left/right brain in the above debate on "Creativity"?; and how
is semantic memory(unindividual, generalized, long-stored, mainly, knowledge and meaning, as explicit memory, which is able to describe

"뇌 왼/오른쪽 반구(left/right hemisphere)에서 "창의성(creativity) 발현"과 어떻게 관련되는지 보고자 한다. **왼쪽 반구**[(left-hemisphere brains)의 전두엽(frontal lobe) 부위에 있는 언어생성 제어&말하기를 맡는 브로카 영역(Broca's area)과, 후두엽에 인접한 측두엽에 있는 청각적이거나 시각적인 언어정보 해석을 맡는 베르느케 영역(Wernicke's area)은 언어처리 위주의 논리와 추론에 관계하는 "시청각적인 언어기능 위주"이므로, 왼쪽 뇌 특성은 선적(linear)/ 분석적(analytic)/ 계열적(sequential)/ 언어 논리적(linguistic & logical)이어서 창의성 발현이 어렵다고 볼 수 있다.

반면에 오른쪽 반구(right-hemisphere brains)는 시각-공간지각에 뛰어나며 정서 관련, 즉 일상기억(episodic memory, 일화기억)이 왼쪽 해마에서 편도를 지나 오른쪽 해마로 가므로 "편도의 영향"은 오른쪽 해마에만 미치게 된다.

따라서 오른쪽 뇌는 이미지적, 통합적, 동시적, 창의적 및 감정이입적으로 되는 것이다.

in language)—the main contents of deep process of rational cognition—concerned with "creativity" sparking in the left/right brain? **The left-hemisphere**—whose Broca's area in the frontal lobe is for language generation control & speech and whose Wernicke's area in the temporal lobe adjacent to the occipital lobe for auditory or visual language information interpretation—is related audiovisually to verbal inference and logic, which make mental processes in the left brain linear, analytic, sequential, linguistic, and logical, and so that can't spark creativity.

On the other hand, the right brain has excellent visuospatial perception and, as for emotion, the amygdala affects the right hippocampus alone as episodic memory goes through the amygdala to the right hippocampus.

Accordingly, the right brain is imagerial, synthetic, synchronic, creative & empathic, etc.

그러므로 **"창의성 관련" 일상기억**(또는 일화기억인 episodic memory)은 표층적 정신과정의 오른 뇌에서, 그리고 **"창의성 관련" 의미기억**은 심층적 정신과정의 오른 뇌에서 이루어진다고 볼 수 있다.

Therefore, *creativity-related episodic memory* is expected to be processed in the superficial process of the right brain, and **creativity-related semantic memory** to be processed in the deep process of the right one.

4) 창의성의 발현

감성적 인식의 표층적 정신과정에서의 기억내용이 주로 삽화적 또는 일상적 기억(episodic memory, 명시적 기억 일부: 특정한 장소와 시간 위주의 개인적 경험의 모음)이라면, episodic 기억은 왼쪽 측두엽(안쪽의 해마)에서 하루(약 24시간)가 지난 다음에 편도를 거쳐 우측 측두엽(안쪽의 해마: 장기기억 관련)으로 들어간다. 따라서 삽화적 기억의 왼쪽 측두엽 및 해마 그리고 편도를 지나 우측 측두엽 및 해마로의 이동은 단지 개인 경험적 일상기억의 저장 관련, 즉 충남대학 의과대학의 "이애영"(충남의대) 신경과학 교수의 "기억이나 정보'의 종류와 본질, 기억의 형성과정, 그리고 시간경과에 따라 관여하는 뇌구조가 다르다"는 것과 관련한 설명으로서 이는 창의성 발현과는 관련치 않으나, **"삽화적 기억(episodic memory)과 창의성(creativity) 발현"**에 대한 첫 단계로서 **"삽화적 기억의 대상인 시각적 정보나 현상을 대하는 사이** 이미 창의성의 발현인 imagery 점화가 이뤄짐"을 엿볼 수 있는 글 일부를 4.장 "또 다른 번지수를 가진 감성적 인식의 골목"으로부터 발췌하여 보겠다.

4) Sparking Creativity

The superficial process of emotional cognition has episodic memory(or everyday memory as a kind of explicit memory, a collection of personal experience based on a specific place and time), which stays about 24 hours in the left temporal lobe and then moves through the amygdala to the right temporal one with the hippocampus of long-term memory inside. Accordingly, such a movement has to do with the consequence of research—related to stored episodic memories from personal experience—by Prof. Yaeyung Lee working for the CNU College of Medicine. She said "The types and nature of memory or information, the formation of memories, and the passing of time require different brain areas." Which has nothing to do with sparking creativity, though.

As the *1st step of sparking creativity in episodic memory*, **seeing visual information or phenomena** can get creativity to spark in imagery. Part of chapter 4 shows that.

바깥 왼쪽 담장에 '검은 벚꽃이 활짝 피려' 한다.

눈이 부시다.

'악마의 미소'가 번득이는 안쪽 담장과는 너무 다르다.

오랫동안 담벼락에 달라붙어 있었다.

"진해 군항제"를 맞이할 즈음, 길가 여기저기 만발한 '벚꽃'들이 불어오는 바닷바람에 흩날리고 있다.

갑자기,

정미소벽에 꽂혀 있던 *앞 그림자들이 내게 손짓*한다.

그렇다면, 창의성도 이애영 교수의 *"학습과 경험에 따라 관련되는 뇌의 위치가 다르다"*라는 전제("기억의 분류와 담당 뇌구조" 2013년 대한신경과학회 32차 학술대회)를 받아들여 다음과 같이 논의하여 보겠다.

The left-wall cherry blossoms seem to be soon in full bloom.
How dazzling!
Too different from the inside one with devil's smile flashing.
That has stuck me to the wall.

Around "Jinhae Naval-port Festival" . . .
A sea breeze's scattering cherry-blossom petals all over.

All at once,
the scary leaves on the mill wall wave to me.

Then, creativity should be discussed under Prof. Yaeyung Lee's premise, *Learning & experience have their specialized brain location.* (2013 The 32nd Korean Neurological Association conference)

첫째는 '기억이나 정보'의 종류와 뇌에 비추어, 앞의 표현은 "표면적 정보처리과정"을 통하여 즉 시각과 청각 등을 통해 지각되어 형성된 외부 세계의 현상과 물체의 인상 등은 삽화적 기억(episodic memory)을 말하며, 주로 삽화적 또는 일상적 기억(episodic memory, 명시적 기억 일부: 특정한 장소와 시간 위주의 개인적 경험의 모음)이 주(정보의 종류)되는 것으로, 이러한 기억들은 왼쪽 뇌에서 24시간 뒤에 편도를 거쳐 오른쪽(장기기억 관련)으로 가면 각 개인의 편도(amygdala)적 기억(감정)이 덧칠해져서 오른쪽 뇌에 이미지(imagery) 형태로 보존하게 된다.

"표층적 정보처리과정"을 통과하여 저장되었던 **삽화적 기억들은 이성적 인식**(즉, 심층적 정보처리과정)으로 개념 판단 추리되면서, 외부로부터의 정보 및 지식과 함께, 장기기억의 형태로서, 즉 *의미기억*[개인적 맥락과는 관계없는, 일반화되고 장기간에 축적된 지식과 의미 위주로서, 의미기억은 명시적 기억(일화기억을 포함하고)과 연속선상으로] **형태로** 형성되나; *의미기억인* "일반화되고 장기간에 축적된 ***지식과 의미들***"은 '창의성의 발현'을 통하여 이루어진 창의적인(creative)

First, considering 'Types of memory or info' and the brain, that's phenomena from the outside world and impressions of objects visually & aurally sensed through superficial processing, which are episodic memory—as part of explicit memory and a collection of personal experiences based on a specific place and time. Such memory enters the long-term-memory-related area of the right brain through the amygdala after staying 24 hours in the left brain, and then is affected by emotional memory from the amygdala and stored as types of imagery.

Episodic memory stored through "Superficial processing" **is conceptualized, judged & inferred by rational cognition**(as deep processing), **and changed into semantic memory** which is impersonal, generalized & long-stored knowledge & meanings, — together with info & knowledge from outside—as explicit memory(including episodic memory); *but semantic memory—**knowledges and meanings** generalized and long-acquired—can contain serious safety-*

논문이나 학설 등의 경우, "미술과 창의성[예술가들이 만들어낸 공간 속의 작품을 통하여 그들의 창의성을 쉽게 보고 이해할 수 있으며, 작품이 담고 있는 창의성을 이해하는 데는 관객들의 높은 이론적 배경이 없어도 된다.]의 경우와는 다르게, 특히 '의학'이나 '공학' 등 **과학 관련 논문이나 학설에 있어 결과적용에 따르는 심각한 위험부담**", 즉 예로서 화학에 있어서의 폭발가능성이나 의학에 있어서의 생명위험 등의 "안전성"과 관련한 책임이 따를 수 있다.

둘째, 학습과 경험(기억 형성과 시간)에 따라 관련 뇌 부위의 앞부분인 첫 번째 논의에선 먼저 기억(이나 정보)의 종류 즉, **1)** 일상기억인 삽화기억 및 의미기억(일반화되고 장기간에 축적된 지식과 의미들)의 형성과 관련한 표면적 & 심층적 정보처리과정, 그리고 **2)** 심층적 정보처리과정에 있어서의 "창의성" 발현 및 경우들에 대하여 간략하게 들여다보았다.

ⅰ) 이번엔 **경험[학습]**(기억 형성과 시간)**과 관련되는 뇌 위치**, 그리고 이런 가운데에서 "창의성" 발현에 대하여 논의하여 보고자 한다. 그런데

related risks *accompanying scientists' responsibility*—, for example explosions in chemistry, life dangers in medicine, etc.—*from application of science-related research consequences* like creativity-sparked creative theories or theses, different from "art & creativity", where spatial art works made by artists show their creativity easily and also they requires no theoretical background for viewers to easily understand their creativity within such art works.

Second, in the above first discussion of brain areas related to "Learning & Experience"(formation and time of memory), above all, this study looked briefly into **1)** superficial & deep processing related with formation of everyday-type episodic memory and generalized & long-stored semantic memory and **2)** deep processing with sparking creativity and etc.

ⅰ) This time, **brain areas involved in experience(or learning)**—esp. formation and time of memory—and meanwhile, "sparking creativity"

우리가 일반적으로 경험을 언급할 때에는 "기억"을 언급할 때와는 그 의미가 같지 않다고 보아야 한다. 즉 앞에서도 잠깐 언급하였듯이, **기억**은 주로 "경험이나 학습을 통하여 획득한 정보 또는 정보를 저장(감각/단기 기억, 작업기억, 장기기억)하는 능력"을 뜻하는 것이다. 그러나 학습과 경험에 의한 결과, 이미 획득된 정보나 이를 저장하는 능력으로서의 즉 **인지적(cognitive)인 능력**으로서의 의미와는 대조적으로, "**경험을 통한 학습**"은 주로 외적 및 신체적(physical) 활동을 대체로 수반한다. *외적 및 신체적 활동, 특히* 경험을 통한 학습은 *양손활동을 필요로 하는 작업적 기억(working memory)을 수반*하고 있음에 주목해야 한다.

ii) 경험적 측면을 논의한다면, 앞서 주목한 작업적 기억과 관련되는 양손 활동뿐만 아니라; ***경험적 증거*** 또는 ***감각경험***이란, **관찰과 실험(양손 필요)으로 감각을 통해 얻은 지식** 또는 *그 원천을 일컫는 개념*으로서, 감각도 다시 시각, 청각, 시청각, 그리고 후각, 미각 및 촉각적 경험으로 나눠 볼 수 있을 것이다.

will be discussed. By the way, when "experience" is generally mentioned, we shouldn't see it the same as memory. That is, as mentioned shortly beforehand, **memory** means "Information acquired through experience or learning, or ability storing information(**sense/short-term memory, working memory, and long-term memory**)." However, *"learning through experience" usually involves external & physical activities, especially working memory requiring both hands' bilateral activities,* in contrast with the meaning of cognitive ability—in detail, already-acquired info or storing it as a result of learning or experience.

ⅱ) Discussed from a viewpoint of experience, not only both hands' activities are related with working memory; but *empirical evidence* or *sensory experience* includes *knowledge acquired through the senses by observation and experiment or concepts meaning its source.* And senses're divided into different sensory experiences.

여기선 뇌에 관한 교육학적 초기연구로서 시각, 청각, 그리고 시청각적 경험을 통한 학습의 경우만을 논의하여 보기로 하겠다.

그런데 창의성은 앞선 논의에서처럼 이미지(imagery)의 형태로 발현(spark)하기 때문에 이들 감각적 분류에 있어 **시각, 청각, 그리고 시청각적 경험을 통한 학습의 경우에 있어서도 공통됨**, 모두 감각에서 *창의성의 발현*은 *"시각적 이미지(visual imagery)"의 형태로* 이뤄진다는 것이다.

영장류 "사람"은 외부의 자극 및 정보의 70% 이상을 오감(five senses) 중 시각으로부터 받기 때문이다. 또한 의견의 불일치는 아직 남아있지만, iii) *"인지-지각적 요구도가 큰*(본 논의, 시각적 사고과정의 비율이 높음)*"* **인지적(내재적 행위, behavior) 학습**은 오른쪽 기저핵 & 시상에서의 관련변화 외는('Neural Substrates of Motor Learning' by Prof. 김덕용, 주소용, 유수진 in Brain & NeuroRehabilitation Vol. 3, No. 2, September, 2010) 학습과정의 진전과 관련한 언급이 없다.

허나 연상학습과 삽화기억(associative learning & episomedic)

But this study, as an early research, will be on visual, auditory, & audiovisual experience.

By the way, as in the above discussion, **what visual, auditory, and audiovisual experience learning share** is that *creativity*—in all senses—*usually sparks in visual imagery.*

That's because human beings accept over 70% of stimulus and information through vision. And furthermore, despite some disagreement, ⅲ**) cognitive learning with high-level cognitive-perceptual demands**(or a big percentage of visual thinking in this study) just show its related change in the right basal ganglia and thalamus, with no more mention of not only its progress but also empirical evidence or sensory learning process('Neural Substrates of Motor Learning' by Prof. 김덕용, 주소용, 유수진 in Brain & NeuroRehabilitation Vol. 3, No. 2, September, 2010).

But both the posterior cingulate cortex—involved in associative

관련 부위인 후대상피질(posterior cingulate cortex)과, 오른 뇌 내비피질(entorhinal cortex)과 큰 상호연관성을 갖는 해마방회(parahippocampal gyrus, 중측두엽 기억구조인 medial temporal-lobe memory structure)가 시각적 배경을 상호관련(contextualizing)시키는 이상의 기능을 가지고 있다("The role of the posterior cingulate cortex in cognition and disease" from www.ncbi.nlm.nih.gov) 함은, 오른 뇌의 "창의성 발현"이 전두엽에서만이 아니라 삽화기업과 의미기억, 그리고 그들 레벨에 따라, "[학습과] 경험(기억 형성과 시간)에 따른 관련 뇌 위치"처럼, 관련 뇌 부위도 달라질 것으로 보인다.

learning & episomedic memory—, and parahippocampal gyrus(medial temporal-lobe memory structure)—with a great correlation with entorhinal cortex in the right brains—have more than a function of contextualizing visual backgrounds.("The role of the posterior cingulate cortex in cognition and disease" from www.ncbi.nlm.nih.gov) Which proves that the brain involved in "sparking creativity" can change with related episodic & semantic memory and their levels—as in "brain areas related with [learning and] experience(formation & time of memory)"—, not just in the frontal lobe.

5) (가정에서의) 창의성의 육성

4차 산업혁명에 우리는 이미 들어와 있다. 하지만 부모들은 자녀들의 앞날에 대하여 돈과 힘 위주의 의사나 판검사를 우선순위로 흔히 꼽는다.

이미 변하기 시작한 현실들을 묘사하는 책들이 주위에서 눈길을 끈다. "**AI시대 본능의 미래**(by Jenny Kleeman)"에서는 섹스로봇과 배양육, 인공 자궁과 자살기계 등 우리의 원초적 경험을 바꿔 버릴 미래기술을 소개하였고, "**프로페셔널 스튜던트**(PROFESSIONAL STUDENT by 김용섭)"는 이러한 4차 산업혁명에서 살아남기 위하여 자신의 능력과 가치를 계속 실험하고 확장 및 성장하게 하면서 "전문직 학생으로서 내가 해결하고 싶고 실현하고 싶은 일을 우선하는 것이 필요하다"고 역설하였으며 어린 시절로부터의 "창의성"을 기르기 위하여 부모에 의한 가정교육의 중요성을 제시하였다.

우리나라 중고생들이 세계 수학, 과학 올림피아드에서 타오는 상과 높은 IQ는 "창의력"과는 거리가 먼 것이다. 그리고 창의력과 관련하여 최근 많은 유명인사들이 베스트셀러를 내고 있다.

5) Domestic Development of Creativity

The 4th industrial revolution has already welcomed us. But parents prefer doctors or judges as a promising & powerful job for sons & daughters.

Many books have described its disruptive waves. Taken as examples, **'SEX ROBOTS AND VEGAN MEAT'** by Jennt Kleeman seriously introduces future technology like sex robots, vegan meat, endometrium, suicide machine, etc. which might change even our primal instinct. **'Professional Student'** by Yongseob Kim says: Keeping on testing, extending, and developing their own abilities & values—to survive the 4th industrial revolution—, every & each person should put first priority on what they would like to solve and realize as professional students. Also, it emphasizes home education for "creativity."

Korean students' IMO/SO awards and high intelligence have no relation to creativity. And creativity-related bestsellers have been released by many celebrities of late.

7년 연속 최고등급 평가를 받은 펜실베니아대 와튼스쿨 조직심리학 최연소 종신교수인 애덤 그랜트(ADAM GRANT)는 그의 저서 **"THINK AGAIN"**에서 습관대로의 전통적인 편안함 대신 *"의심의 불편함을 선택하라!"*를 강조하면서, 가족과의 저녁식탁에서 일주일에 한 번씩 '다시 생각하는 법'을 가르치라고 함은 프로페셔널 스튜던트 저자인, 김용섭의 창의력을 위한 "식탁에서의 대화를 통한 가정교육"과 공통되는 바이다. 마우로 F. 기옌(Mauro F. Guillèn)은 그의 저서 **"2030 축의 전환**(The Future of Everything)"에서 *VR기술을 사용하는 두뇌활동관찰*을 통하여 자폐증 아이와 없는 아이들이 보이는 행동들의 인지적 사회적 측면을 연구할 수 있다 함으로써, '창의력과 관련한 개인 행동성향'의 인지적 사회적 측면 연구에 전망을 밝혀 준다. 또한 유년기 뇌손상으로 "뇌가 고장난 아이"란 말을 들으면서 학습에 어려움을 겪었던 세계적인 Brain 코치인, 짐 퀵(Jim Kwik)은 **"마지막 몰입: 나를 넘어서는 힘**(UNLOCK YOUR EXCEPTIONAL LIFE)"에서 자신의 한계를 뛰어넘는 성공전략을 제시함으로써, 4차 산업혁명을 맞이하여 갈 길 몰라 방황하는

Adam Grant—who is the youngest & tenured organizational psychology professor of Wharton School of the University of Pennsylvania—has been top-notch for 7 consecutive years, and his book '**THINK AGAIN**' *emphasized the inconvenience of doubt* over habitual comfort of tradition, and also advised parents to teach their children "how to think again", which agrees with "Home education through communication at table" emphasized by Yongseob Kim for creativity. '**The Future of Everything**' by Mauro F. Guillèn introduces *VR technology for observation of brain activities* that could help research the cognitive-social behavior of autistic children and non-autistic ones. Which shows the prospect of cognitive & social research on 'personal behavior traits related to creativity.' And Jim Kwik—whose babyhood's brain damage gave him big school-study trouble and a nickname 'Broken brain' as well—global brain expert and author of '**UNLOCK YOUR EXCEPTIONAL LIFE**' has presented *success*

사람들에게 *"탈~전통적 사고"*로서의 자기주도 학습을 통하여 "창의력 (CREATIVITY)"을 키워갈 길을 밝혀준다.

그러므로 자녀들의 또는 자신의 "창의력 육성"에 관심 가져온 사람들을 위해 그 방법들을 묶어 요약해보려 한다.

첫째, 창의력은 가르치는 것이 아니라, 가정에서 대화를 통하여 "특히 **식탁에서의 부모-자식 사이의 대화**를 통하여" 호기심을 갖고 스스로 질문하고 생각하게 함으로써, 스스로 답을 찾아가도록 창의적 환경을 만들어감이 중요하다고 하였다.[프로페셔널 스튜던트 (PROFESSIONAL STUDENT), by 김용섭]"

둘째, "**다시 생각하는 습관**(Think again)"으로 *자신의 부족함과 틀렸음을 기쁘게 받아들여 이를 개선하게 해야 하며*, 새로 만나는 다른 사람들에게서 새로운 것을 배울 수 있도록 "도전네트워크(Challenge network)"를 구축하는 것도 도움이 된다고 한다. (THINK AGAIN by Adam Grant, 2021)

셋째, **창의력을 위하여 글쓰고 말하는 능력을 가정에서** 길러줘야 하며,

strategies for those to go beyond their own limit, leading them—who are straying from the 4th industrial revolution—to "self-directed learning(a sort of post-traditional thinking)" for development of creativity.

Hence, we need a set of methods for those who have interest in "cultivating their own or children's creativity."

First, especially **dinner table conversation** at home—**between parents and children**—gets children to ask with curiosity and think for their own answers, which requires to form creative environment.(Professional Student by Yongseob Kim)

Second, **"Think Again"** gets people happy to *accept their own insufficiency & mistakes for improvement,* and building a "challenge network" also helps them learn something new from some others that they meet for the first time in their social life.(THINK AGAIN by Adam Grant, 2021)

Third, home should **help children speak and write creatively**, and

그래서 하버드를 비롯하여 MIT, 스탠퍼드 등 미국 명문대에서는 대학생들이 글쓰기를 필수 이수 과목으로 공부하게 하는데, 이는 그들이 지식정보를 체계적으로 자신의 것으로 만드는 방법을 배우게 하기 위한 것이다. (프로페셔널 스튜던트 *PROFESSIONAL STUDENT* by 김용섭)

넷째, 일주일에 한 번씩 식탁에서 **신화 깨기 토론**을 하는 것은 아이들에게 다시 생각하기 습관을 들이는 매우 좋은 방법여서, 매주 다른 주제를 가족이 돌아가면서 정한다. 그러나 절대 *아이들에게 무엇이 되고 싶은지 묻지 마라*. 단 하나의 정체성은 여러 다른 대안으로 이어지는 문을 닫아버릴 수 있다. (THINK AGAIN by Adam Grant, 2021)

다섯째, "마지막 몰입: 나를 넘어서는 힘"의 저자인 짐 퀵(Jim Kwik)은 '열등한 아이'로 취급당하고, '뇌가 고장난 아이'란 선생님 때문에 충격받아 힘들었다. 그리고 고등학교 때 "다빈치와 아이시타인에 대한 보고서"로 공부열정이 타다 꺼졌으나, 친구 아버지의 도움으로 두뇌와 공부방법 개발에 관심을 갖게 된다.

so students of prestigious US universities like Harvard, MIT, Stanford, etc. must complete writing as a compulsory subject. That's for accustoming them, too, to how to assimilate knowledge and information systematically.(*PROFESSIONAL STUDENT* by Yongseob Kim)

Fourth, **myth-breaking discussion** at a dinner table once a week is a great way of habituating kids to "thinking again"; for that, family members select a topic specific for the week in turn. But please *don't say "What do you want to be?"* A single identity can block the way to other alternatives.(THINK AGAIN by Adam Grant, 2021)

Fifth, Jim Kwick was treated as an inferior child and nicknamed 'Broken brain' by his teacher. . . . He worked hard for his highschool assignment "A Davinci & Eistein Report", but his shyness was too big to present. His friend's dad helped get him interested in development of brain & study methods.

그래서 뇌를 업그레이드할 수 있는 **마인드셋, 동기, 방법을 연구**하였는데, 이는 *"새로운 자기주도 학습"*이 그의 집중력을 향상시키면서 생긴 자신감의 결과이다. ["마지막 몰입: 나를 넘어서는 힘(UNLOCK YOUR EXCEPTIONAL LIFE by Jim Kwik)"]

 여섯째, "사람"의 경우, 외부로부터의 **자극 및 정보의 70% 이상이 오감(five senses) 중 시각으로부터**란 사실과 사람들마다 색채에 대한 취향이 다른 점 등에서, 창의성과 관련하여 주목해야 한다. 예들어, 붉은색을 좋아하는 사람은 붉은 물체에 더 접근하고 오래 기억할 것이며, 푸른색을 좋아하는 사람은 푸른 물체에 더 잘 접근하고 기억할 것이다. 그래서 푸른색을 좋아하는 사람과는 달리, 붉은색을 좋아하는 사람은 "피(血, blood)"에 그저 담담하게 반응할 것이다.
(그래서 누구나 자기가 좋아하는 색에 친숙한 반응을 보일 것이다.)

 일곱째, 학습 자료로서 '시각' 및 '청각'과 관련하여, 사람의 두뇌에서 *청각 관련 부위*[내측슬상체(medial geniculate nucleus, 청각에 관여]보다, **시각 관련 부위**[외측슬상체(lateral geniculate nucleus, 시각에

So he studied **methods, motives, and mindsets to upgrade the brain**—which had resulted *from his confidence boosted by his concentration* that the "new self-directed learning" enhanced.(UNLOCK YOUR EXCEPTIONAL LIFE by Jim Kwik)

Sixth, there are two scientific facts—related to creativity—we've ignored: first, **over 70 percent of stimulus and information from outside** is **through our eyes**, and secondly, every person has their own favorite color. For example, those loving red tend to choose reddish stuff and remember relatively longer. And those liking blue have a tendency to take blueish things and keep longer in mind. So, those whose favorite is red will respond more composedly to blood than blue.(Thus, anyone will get easily familiar with their favorite.)

Seventh, as for 'visual' and 'auditory' learning materials, **the human visual area**(the lateral geniculate nucleus) is **located higher in the brain** than the auditory one(the medial geniculate nucleus is hearing-related).

관여), 중뇌(midbrain) 상부에 있는 상구(superior colliculus) 위의 시상침(pulvinar) 뒤쪽]**가 더 높이 위치**하며, "창의성"은 보다 시각 관련이므로, 자녀의 창의성 육성을 위해선 *시각을 이용한 간접적 자극 및 개발 방법*을 이용하는 것이 보다 창의성의 특성에 더 접근한 방법이라고 본다.

Therefore, as creativity is vision-related rather than any other human sense, it seems that home education—especially enhancing creativity at home—had better take advantage of *indirect educational methods of "using sight" in order* to stimulate and develop it.

7.
글을 마무리하면서...
The Finale...

The main character of "Wings" by Sang Lee makes incessant efforts to fly up from his bleak reality, saying to himself "Wings, sprout!!"

마지막 에세이(??)에 이르기는 아직 길이 멀어 . . . 둘째 역 "인식의 골목을 비틀거려서"에서 다음 역으로 향하기 전 커피 한잔하자니, 왠지 . . . 중학교 교과서에 담겼던 미국 시인 로버트 프로스트(Robert Frost, 1874~1963)의 "가지 않은 길(The Road Not Taken)"이 떠올랐다.

숲속에 난 두 갈래 길 중, 똑같이 아름답지만 사람이 적게 간 길을 택하였다고 . . . 그리곤 훗날 훗날에 그로 인하여 모든 것이 달라졌다는 얘길 어디선가 할 것이라고 . . .

여기서 프로스트는 "사람이 적게 걸은 길은 풀이 더 있고 사람이 걸은 자취가 적어 아마 더 걸어야 될 길이라고 생각 . . ."라고 적고 있다. 왜 그랬을까?! 보다 많은 사람들이 택한 길은 그만큼 객관적으로 더 알려져있어 안전하지 않을까? 그래서 인생에서 성공할 확률이 더 크지 않을까? 그럼 작가는 덜 알려져 안전성이 그만큼 떨어지는 길을 왜 택했을까?!

Far away to the last essay . . . my destination. While having coffee before heading for the 3rd station from the 2nd one "Staggering along the Alley of Cognition", I've got reminded of "The Road Not Taken"—that my middle-school textbook contained—by Robert Frost(1874-1963) American poet, not realizing why . . . though.

Of two roads diverged in a yellow wood, he took the other, as fair as one, with more grass and less wear. . . . A long, long time later, he'll be telling that has changed everything.

It's because . . . he thought "It requires walking more than the one." Why was that? The one more people choose would be much safer as it's objectively better known . . . wouldn't it? Couldn't that give them bigger chances of success, could it? Nevertheless, why did he select the other despite its risks??!

7. 글을 마무리하면서 . . .
The Finale . . .

아마... 널리 더 알려진 길은 보다 안전하긴 하지만, 새로움이 그만큼 떨어질 것이고 혀서 그만큼 '평범한' 것이며 그러다보니, 고생을 덜하긴 하지만... 걷는 동안 얻을 게 그저그래서 그만큼 겪어볼 만한 게 줄어들 것이다.

물론 사람들에게 느껴지는 "새로움"은 똑같을 수는 없다. "돈"과 새로움의 관계를 예로 든다면... 빈자들에게 많은 돈은 겪어보지 못한 새로움이 되겠지만, 부자들에게 있어 그들의 '가치척도'가 무엇이냐에 따라... 많은 액수의 돈다발이 인생의 목적으로나 집안 청소도구 정도로 느껴질 수도 있을 것이다!! 그래서 돈은 "지식과 정보사회"에서는 중요한 매개체였지만, 새로움의 창고인 "창의성"이 주 동력원이 된 "4차 산업혁명"에선 많이 생각하고 논의할 대상에서 더더욱 빠질 수 있다.

로버트 프로스트가 대중예술가, 연예인(entertainer)이었다면 똑같이 아름답지만 사람이 많이 다닌 길, 달리 표현하자면 항상 대중과 함께하는 길로 들어섰겠지만, 순수예술가(Pure artist)인 시인이므로... 개인성(individuality, 대중성과 반대적으로 대조)적인 창의성이 습관적으로

Probably . . . better-known roads have more safety but less novelty, which tends to make them 'ordinary.' So their users won't get worthwhile experiences while passing through—they feel comfortable, though.

No wonder people can't feel the same about a certain "novelty." As for the relationship between "money" and novelty, much money is a novelty the poor have never carried in life, . . . and the rich can think huge money as either life purpose or cleaning equipment . . . according to their values.

So money—major means in the Info & knowledge society—can no longer be up for discussion for the 4th industrial revolution with creativity, idea-factory, as its major power.

Robert Frost, if a public-art entertainer, would have taken the one more traveled—paraphrased, always with the masses—yet as fair as the other, but a poet's pure-artistic creativity based on individuality—that contrasts truly totally with publicity —working habitually, . . . he

작용하여서 . . . 사람이 적게 또는 거의 안다니는 고독한 길을 택했다고 여겨진다―그러나 많은 위험(risks)을 지닌 학문일수록 엄격한 객관성과 함께해야만 진정 이로운 창의성이 발휘될 것이다. 만약 프로스트가 "양적인 대중과 함께"하는 연예인이라면 똑같이 아름답지만 많이 다녀진 길로 갔겠지만 . . .

이처럼, "돈(Money)"이 중시된 지식과 정보사회는 그만큼 "양적 팽창"이었다. 모든 국가 사회의 경제적 평가척도는 양적수단인 "돈"이었고, 교육적 평가척도는 양적수단인 "점수"였으며, 문화적 평가척도는 양적수단인 "유행"이었다. 그러나 4차 산업혁명은 그러한 양적 팽창에서 "질적 발전"을 추구하며, "새로움의 창고"인 창의성의 육성은 가정과 사회 및 국가가 함께 추구하는 "교육의 종합적 목표"가 되었고, 세계적 추세이기도 하다.

하지만 . . . 정작 "창의성", "4차 산업혁명과 창의성"이라고들 하지만, OECD 선진국이라는 우리나라에 있어 창의성의 육성을 위한 근본은 준비되어있지 않으며, 창의성의 이해나 논의는 "예술적 수준으로서의

seems to have taken the road with fewer or almost no passersby on—the riskier a science, the exacter objectivity it requires for truly beneficial creativity. If Frost had been an entertainer with the masses around, he would have taken the one more traveled but as fair as the other. . . .

The knowledge & info society expanded *quantitatively* with money considered very important. Every nation and society's economic evaluation started with *money*, educational evaluation with *score*, and cultural evaluation with *trend*. But the 4th industrial revolution pursues qualitative development; cultivation of creativity—a personal idea-bank—has become a global goal of education every home and society and country share.

However, creativity or "the 4th industrial revolution & creativity" flying around, S. Korea an OECD member hasn't yet got prepared; and its understanding or discussion of creativity still remains at the

창의성"이고 방송매체에서는 "크리에이터"들의 생활과 활동 등의 제시에 그치고 있다. 다시 말하면, 창의성 육성을 위한 토대가 아에 다져지지 않았다는 말이다.

이미 언급된 바, 지금 그리고 앞으로의 세대가 살아갈 "4차 산업혁명"은 돈다발이 아닌 "새로움의 창고"가 되는 창의성을 자산으로 할 때에, 제도적 형식적인 교육기관의 정책으로 기를 수 없는 '개인성(Individuality)을 바탕으로 하는 재능'인 창의성은 방법론이 올바른 가정교육이나 '자기주도 학습'으로 육성이 가능하다. 아울러 창의성의 뿌리가 되는 개인성에 대한 연구가 심리학 및 신경학, 교육학 등 학문간 연구(Interdisciplinary study) 형태로 계속 행해지고 심화되어, 관련 지식이 축적되어야 창의성 육성은 그만큼 더 활발해질 수 있을 것이다.

그래서 창의적인 인재 육성은 '과잉과외나 개인지도'가 아니라, 심리학자들, 교수이론가들과 신경생리학자들이 함께 일하는 하나의 독립된 학문 및 연구 분야로 자리매김할 때에, 자녀세대의 교육이 4차 산업혁명에 걸맞게 됨으로써 비로소 각자의 개인성에 최적, 최강의 창의력을

artistic level, and the boarding media just show many creators' living and activities. That is to say, the base for its cultivation hasn't yet been firm at all.

As mentioned above, when the 4th industrial revolution for this generation and next ones has made creativity—novel storage—as its asset, not piles of money, proper home education & self-directed learning can raise up individuality-based creativity, which is impossible by institutional & formal education and its policy. And research on individuality where creativity's rooted should keep interlinking psychology, neurology, pedagogy, etc., and accumulating various knowledge related for its more active cultivation.

Thus, creativity can be fostered, not by cram schooling or private tutoring, but by such integrated research of independent fields whose related researchers collaborate. So education of children can go with the times, and finally more and more persons with the top creativity

갖춘 인재들이 더욱더 많이 길러내어져 활동할 수 있게 될 것이다. 국가 및 사회의 다양한 분야에서 조국과 세계를 위하여!!

1980년대 초, 고 "김순택" 교수(서울대학교 교육학과)의 저서 "목표별 수업모형"은 **TTTI 교수모형**(TTTI Instruction Model: task & trait & treatment instruction model, Berliner & Cahen의 모델이 대표적)이었다. "TTTI 모형"은 미국의 교육심리학자, 로버트 가네(Robert Gagne)의 저서 "학습의 조건"[외적 조건(학습 참여시, 배운 것을 연습 및 반복함)/ 내적 조건(학습자의 선행학습, 학습 동기, 학습 관련 자아개념)]에 기초한 것이다.

원래 이 "모형"들은 수업 관련 변인인 과제 특성, 학습자 특성, 그리고 수업처치의 상호작용에 의하여 효율적 수업이 되게 하려는 "교수(수업) 설계(Instructional Design)"를 위한 것이었다. 그런데 창의성 육성을 위한 교육 및 교수/학습모형의 개발을 구체화하려면, **개인성**(Individualistic)**적 "창의성"**의 특성을 고려하여 볼 때에, 로버트 가네의

cultivated to the optimum on his or her individuality would be able to act across various areas. For their nation and the world!!

In the early 1980s, the ***Objective-based Instructional Model***—by *Kim, Soontaeck*, late education-department professor of SNU graduate school—was a kind of TTTI instructional model and based on ***The Conditions of Learning***—written by *Robert M. Gagne* American educational psychologist—divided into two, **external**(practice & repetition at class, etc.) **and internal ones**(learner's prior learning, motivation, self-concept, etc.)

Such were for efficient *instructional design* models intended to make the three variables—task characteristics, learner traits, and instruction treatment—interact with each other. By the way, development of the most proper creativity education and instruction & learning models, considering characteristics of individualistic creativity, should put

외적 조건(External conditions of learning, 기능적 수업 즉 운동/지적 기능에서 중요)보다는 **내적 조건**(Internal conditions of learning, 즉 학습자의 **선행학습, 학습동기, 학습관련 자아개념** 등)에 더 비중을 두어 분석하고 탐구하여야 한다고 본다.

 그리고 과제 공통적 학습영역, 특히 로버트 가네의 **5가지 학습영역**(지적기능, 언어정보, 운동기능, 인지전략, 태도) 중, 다른 4개 학습영역 위의 5번째 학습영역, 즉 "자신의 학습, 사고, 전략 등 총체적인 모든 인지과정을 제어하고 통제하는 능력"으로 정의되는 ***"인지전략"에 대한***, "새로운 생각이나 개념들을 찾아내거나 기존에 있던 생각이나 개념들을 새롭게 조합해 내는 것과 연관된 정신적이고 사회적인 과정," 또는 "서로 관련이 없어보이는 것들을 조합하여 새로운 것을 도출하는 집단 아이디어 발상법"으로서의 ***"창의성"의 비교***가 또한 "창의성 육성을 위한 교육 및 수업모형" 개발에 도움이 될 것이다. 말하자면, 자신의 인지과정을 제어하고 통제하는 능력인 "인지전략"은 **제어하고 통제하는 능력**이란

internal conditions of learning(learners' learning-related prior learning, motivation, self-concept, etc.)—which need to be more analyzed and investigated—before **external ones**(important in functional classes for exercise and intellectual skills).

And of R. Gagne's **five task-common learning areas**—intellectual skills, verbal information, motor skills, cognitive strategies, attitude—, the *5th "cognitive strategies"* are defined as ability to control and regulate all holistic cognitive processes like learning, thinking, strategy, etc., but *"creativity"* is defined as "mental and social processing related to search of new thoughts or conceptions or new combination of existing ones", or "brainstorming deducing a novelty from combination of unrelated ones." And thus, **comparison of the two** helps develop creativity education & instruction models. The former—as it were, in that it controls & regulates our major cognitive

점에서 "고등정신작용을 관장하고 다른 영역출신의 정보 조정과 행동 조절"을 하는 "**전두엽**(Frontal lobes)"의 특성과 공통되는 바가 있으며, "생각이나 개념들을 조합하여 새로운 것을 도출해내는" **창의성**(Creativity)은 **오른쪽 뇌**(Right brains)의 특성과 공통된다.

그러므로 관련 뇌 부위(Brain area)가 다른 "인지전략"과 "창의성"은 *학습과제로서의 각 학문의 전문적 특성*(J. S. Bruner는 이를 "지식의 구조"로 부르면서 독립적 탐구영역과 방법을 갖는다고 함)에 비추어 신경학적으로 더욱 상세히 논의될 때에, 인지전략을 포함한 창의성 육성을 향한 보다 큰 단위의 "교육 및 교수(수업) 모형" 개발이 보다 가능해질 것으로 보인다.

이에 대해 하위단위인 실제수업(교수+학습) 현장 및 "자기주도 학습"에 이론적 그리고 실제적으로 뒷받침이 될 보다 **과학적이고 현실적인 "TTTI 수업모형"의 개발은**, 밝혀진 학습자 특성(한 예로서, 청각적 유형/시청각적 유형/시각적 유형 . . . 등)과 수업의 소재가 될 과제 특

processes—has something to do with the frontal lobe controlling higher mental functions and coordinating information & behavior from other areas; and creativity—which gets to work out something entirely new from combined thoughts or conceptions—accords with right brains.

Therefore, as for creativity and cognitive strategies not the same in related brain areas, *when they are discussed in more neurological detail in terms of professional characteristics*—"structure of knowledge" called by J.S.Bruner—*of disciplines as learning tasks,* their educational—a bigger unit—and instructional models wouldn't be hard to develop.

Contrarily, **scientific & realistic "TTTI Model" development** to theoretically and practically back up real classes(instruction +learning)—subunit—and "self-directed learning" *will have made its education & instruction the best* and instructional-designed

성(특성적 예를 들면, 인지적 이해, 감상적 이해, Motor-skill적 이해, 그리고 내용관련 . . .) 등을 서로 **관련시키고** 교육, 교수목적 아래 단위인 수업목표의 성취가 가능하도록 수업처치(로버트 가네 이론에 근거, 학습자의 내적 조건, 즉 인지과정에 기초하여 외적 조건을 제공하는 9가지 수업사태)가 설계될 **때에**, 교육 및 교수활동이 최고가 되게 할 수 있고 교수설계에 의한 그룹수업과 밝혀진 개인성(Individuality, 개인적 특성)에 근거한 창의성을 위한 "자기주도 학습"형태가 교육, 교수의 실제 현장에서 상호보완적으로 작용할 수 있을 것이다.

그리하여 전통적 교육을 위한 문교부나 교육행정이 4차 산업혁명에 적절한 새로운 패러다임으로 변화될 것이다.

이제야, 나의 두 번째 에세이집 "인식의 골목을 비틀거려서"가 마무리 되고 있다. **어느 날, 어딘가에서 부딪게 된 일들**, . . . *조용한 여행이나 또는 일상생활의 평범한 순간들로부터 들려온 얘기, 길에서 얼핏 본*

group classes and individuality-based self-directed learning will be able to work complementarily in actual education **when** scanned characteristics of learners(e.g. auditory, audio-visual, visual type, etc.) and those of tasks(e.g. cognitive, sentimental, motor-skill understanding, and content-related, etc.) as instructional materials **are interrelated and then when** instruction treatment(R. Gagne's 9 instructional sequences for external conditions based on learners' internal ones) is designed to achieve the objectives of instruction as subunits of the goal of education & instruction.

So the present education ministry or its administration will change to a new paradigm for the 4th industrial revolution.

Now, my 2nd book "Staggering along the Alley of Cognition" is being finished. **Once-undergone somewhere,** namely, *picked-up or glimpsed stories . . . during our solitary traveling or ordinary daily lives . . . can be*

장면들로부터... 감성적 인식(Emotional cognition)의 소재들을 얻게 되나, 그렇게 쌓인 각각의 감성적 인식은 어느 두 사람도 함께할 수 없으며... 이로 인하여 절대 같을 수 없는 이성적 인식(Rational cognition)이 만들어지게 된다. 벌써 들어선 "4차 산업혁명"에서의 "Superficial processing & Deep Processing"은, 20세기 정신분석학의 창시자였으며 의학자, 생리학자, 철학자 심리학자인 프로이드의 심리적 및 정신의학적 치료를 위한 "전의식과 무의식"과도 교차되는 바이며, '새로움의 동력'이 된 창의성 개발과 학문간 연구(Interdisciplinary study)로 인하여 스포트라이트를 받게 될 것이다.

그러므로 에세이집 ***"인식의 골목을 비틀거려서"*** 는 실존적 삶의 어느 모퉁이에서 빛과 그늘의 이미지들을 쫓아가다 감성적, 이성적 인식에서 비롯된 이미지의 점화 등으로 인하여... 창의성의 통합적 연구를 위한 논의로 들어서게 되어...

for emotional cognition—not shared by any two people—, which gets to result in each and every different rational cognition of deep processing. In "the—already starting—4th industrial revolution", superficial & deep processing share something with "the preconscious and unconsciousness"—for psychological & psychiatric therapy by Sigmund Freud 20-century psychoanalysis founder and also doctor, physiologist, philosopher—, and will have got to be highlighted for development of creativity, super energizer of novelty, and its interdisciplinary research as well.

Therefore, the collection ***"Staggering along the Alley of Cognition"*** has suggested the integrated study of creativity . . . for imagery sparked (et al) from emotional & rational cognition—from my pursuing light & shadow at an existential corner of life. . . .